U0656509

《逸周書》研究文獻輯刊

第四册

NLCPH

國家圖書館出版社

第四册目録

逸周書補注二十二卷卷首一卷卷末一卷（卷十三—十八）（晉）孔晁 注
（清）陳逢衡 補注
卷十三……一
卷十四……九五
卷十五……二二五
卷十六……二六五
卷十七……三〇九

卷十八 …… 五〇一

逸周書補注二十二卷

卷首一卷卷末一卷（卷十三—十八）

（晉）孔晁 注 （清）陳逢衡 補注

清道光五年（1825）刻本

逸周書卷十三

孔氏無注

江都陳逢衡補注

周月解第五十一

周月與時訓不同時訓用夏時故從孟春建寅之月起周月從周正故以惟一月既南至起篇末又云敬授人時巡狩祭享猶自夏焉以起次篇時訓之義

惟一月既南至昏昴畢見日短極基踐長微陽動于黄泉陰慘降于萬物

補注一月仲冬之月夏之十一月南至冬至也孝經

說斗指子爲冬至至有三義一者陰極之至二者陽氣始至三者日行南至故謂之至昴七星畢八星昴畢之間謂之天街日短至者仲冬日出於辰入於申謂卌刻也基踐長者晷影極長也微陽動於黃泉氣初發於內也地底謂之黃泉陰慘降於萬物地上之物無不摧落也徐發天元歷理曰旣南至即冬至旣者明非朔日今以法考之乃武王克商壬辰歲冬十一月甲申朔甲午冬至也畢盡也堯典之日短星昴乃昴宿之初見此云畢見乃昴宿所占之分盡見也

非畢宿也

是月斗柄建子始昏北指陽氣虧草木萌蕩

補注古人定時建月多用斗杓故小正言斗最詳周時仍用此法故云斗柄建子斗柄玉衡也鶡冠子環流篇曰斗柄北指天下皆冬淮南時則訓仲冬之月招搖指子晉樂志十一月之辰謂之子子者孳也謂陽氣至此更孳生也陽氣虧者建子之月於卦爲復一陽不能敵五陰故虧萌蕩猶萌動也

日月俱起牽牛之初右回而行月周天起起盧本從一沈改作進

次而與日合宿日行月一次周天歷舍于十有二辰終則復始是謂日月權輿

補注河圖括地象天左動始於牽牛尚書考靈曜冬至日月在牽牛一度周髀算經日復星爲一歲注冬至日出在牽牛從牽牛周牽牛則爲一歲呂氏孟春紀以初爲常注以起牽牛之初爲常衡案推算家言唐虞冬至日在虛七度或云在女十度或云女虛之交夏太康十二年在女十一度商太甲二年在女六度周康王十二年在牽牛六度秦莊襄王元年在斗

二十二度則自唐虞步自周末已經數改如再上溯諸歷元之始正未可以耳目習見妄測也乃考靈曜則云天地開闢元歷紀名月首甲子冬至日月五緯俱起牽牛初豈非泥於所見不知歲差故疎於測驗耶據爾雅星紀斗牽牛也則日月起於牽牛當在殷末周初故郭注云牽牛斗者日月五星之所終始故謂之星紀徐發曰此言合朔也朔日與冬至相去十日合朔日在牽牛之初則至日當女二今歲差法推周初冬至日躔確該女二度以是知今世術士所守

星盤乃周公之遺制周初之天象漢人不見此書但相傳有日月起牽牛之說誤認至朔同日故不知歲差之理且又混入五星二字故又誤作太初之象右回而行者天道尚左日月西移也月周天起一次而與日合宿者周天三百六十五度四分度之一日一日一度月一日十三度十九分度之七日月相逐於二十九日三十日間而日行天二十九度餘未有定分此時月與日會乃爲一月徐發曰次即十二次之次仲冬合宿於元枵之次則季冬合宿於陬訾之次

必周環十二次舍也施彥士曰按月行速故二十七
日有奇而一周天日行雖遲至此亦且進一次矣故
月必更起一次凡二十九日有奇而與日合宿日行
月一次者次舍也日與月會爲一次爲會十二則周
天矣故曰歷舍於十有二辰徐發曰上言月行一月
一周天此言日行一歲一周天也衡案左傳日月之
會是爲辰疏云辰時也管窺輯要月與日會處定於
每月二十九日四百九十九分上會假如正月斗柄
指寅寅與亥合日月聚會於亥其辰爲陬訾自危十

七度至奎四度是也二月斗柄指卯卯與戌合日月則會於戌其辰爲降婁自奎五度至胃五度是也三月斗柄指辰辰與酉合日月則會於酉其辰爲大梁自胃六度至畢十二度是也四月斗柄指巳巳與申合日月則會於申其辰爲實沈自畢十三度至井十六度是也五月斗柄指午午與未合日月則會於未其辰爲鶉首自井十七度至柳九度是也六月斗柄指未未與午合日月則會於午其辰爲鶉火自柳十度至張十八度是也七月斗柄指申申與巳合日月

則會於巳其辰爲鶉尾自翼一度至軫十一度是也八月斗柄指酉酉與辰合日月則會於辰其辰爲壽星自軫十二度至氐四度是也九月斗柄指戌戌與卯合日月則會於卯其辰爲大火自氐五度至尾九度是也十月斗柄指亥亥與寅合日月則會於寅其辰爲析木自尾十度至斗十一度是也十一月斗柄指子子與丑合日月則會於丑其辰爲星紀自斗十二度至女七度是也十二月斗柄指丑丑與子合日月則會於子其辰爲元枵自女八度至危十六度是

也然其中日月行度又有遲速之不同故有月大三十日月小二十九日之異而後日月合朔終則復始者淮南天文訓云帝張四維運之以斗月徙一辰復反其所正月指寅十二月指丑一歲爲匝終而復始即此義也樵與始也蓋了陰陽終始云天之道終而復始故北方者天之所終始也

周正歲首（舊作道盧從沈改作首）數起于時一而成于十次一爲首其義則然（周語數之紀也注數起於一終於十十則更故曰紀）

補注施彥士曰盧本歲道作歲首甚核蓋以一月爲

正歲之首與周禮正歲豳風十月改歲無乎不合徐發曰正讀如政歲與年不同周禮太史正歲年注中數曰歲朔數曰年中數者節炁之謂言歲必節炁全年則以月論十二月不必全節炁也凡作歷必始冬至故以冬至之月爲正歲言歲月之道從此而始正也然天有差移歷代不同故以此月之朔日月皆起牽牛之初爲本朝正歲之道可見古人於歲差之理甚明故其昭示法象如此數月數言數必起於四時之首當以春爲月數之始明矣但數止於十其孟春

即次一矣次一爲時之首而仲冬却爲歲之首者天道由正日月權輿之義不得不然也故豳風與周書仲冬皆稱一月衡蔡周正歲首指仲冬建子之月次一爲首指孟春建寅之月數起於時一而成於十者董子陽尊陰卑篇云天之大數畢於十旬古之聖人因天數之所止以爲數紀十如而適更始是故天道十月而成人亦十月而成合於天道也故陽氣出於東北入於西北發於孟春畢於孟冬而物莫不應又爕燠孰多篇云是自正月至於十月而天之功畢案董

子兩說皆與此合

凡四時成歲歲下舊衍有字春夏秋冬各有孟仲季以名十有二月月有中氣以著時應月有二字舊本脫據文選顏延年讌曲水詩注補春三月中氣雨水春分穀雨盧本改作驚蟄春分清明今仍從舊說見時訓雨水之日下夏三月中氣小滿夏至大暑秋三月中氣處暑秋分霜降冬三月中氣小雪冬至大寒

補注無閏之年三百五十餘日成歲有閏之年三百八十餘日成歲而春夏秋冬流行於三百六十五日之中凡四時各有孟仲季謂月氣每月一變凡三變

而成一時故顏延年讌曲水詩云月氣參變蓋謂此也十有二月自寅至丑也月有中氣以著時應者一歲三百六十五日有餘分爲二十四氣一爲節氣十二一爲中氣十二孝經援神契曰大寒十五日斗指東北維（艮方）爲立春後十五日斗指寅爲雨水後十五日斗指甲爲驚蟄後十五日斗指卯爲春分後十五日斗指乙爲淸明後十五日斗指辰爲穀雨（此春三月節氣中氣之古法）後十五日斗指東南維（巽方）爲立夏後十五日斗指巳爲小滿後十五日斗指丙爲芒種後十五日

斗指午爲夏至後十五日斗指丁爲小暑後十五日斗指未爲大暑此夏三月節氣中氣之古法後十五日斗指西南維坤方爲立秋後十五日斗指申爲處暑後十五日斗指庚爲白露後十五日斗指酉爲秋分後十五日斗指辛爲寒露後十五日斗指戌爲霜降此秋三月節氣中氣之古法後十五日斗指西北維乾方爲立冬後十五日斗指亥爲小雪後十五日斗指壬爲大雪後十五日斗指子爲冬至後十五日斗指癸爲小寒後十五日斗指丑爲大寒此冬三月節氣中氣之古法案援神契所說與周月合

閏無中氣斗指兩辰之間陸績渾天說閏月無中氣而北斗斜指兩辰之間所以異於他月也本此

補注案四分法周天三百六十五度四分度之一繞地左旋常一日一周而過一度日行一日亦一周在天爲不及一度積至三百六十五日四分日之一而與天會爲一歲月一日不及天十三度十九分度之七積三百五十四日九百四十分日之三百四十八而與日會者十二爲一年大率三百六十日爲整數一歲多五日九百四十分日之二百三十五分是爲

氣盈而晝夜長短節氣寒暑於是定焉一年少五日九百四十分日之五百九十二分是爲朔虛而晦朔弦望於是定焉積氣之有餘就年之不足而後有閏閏前之月中氣在晦閏後之月中氣在朔無中氣之月則爲閏故曰閏無中氣此唐虞相傳以閏月定四時成歲之大法也春秋文公元年閏三月左傳曰非禮也先王之正時也履端於始舉正於中歸餘於終崑山顧氏鄞縣萬氏皆謂古人置閏必在十二月之後故曰歸餘於終傳改舊法置在三月故爲非禮陸

則甫曰上古日元必以日月全數爲始於前更無餘分此日爲術之端始故曰履端於始分一周之日爲十二月則每月常三十日餘計月及日爲一月則每月惟二十九日餘前朔後朔相去二十九日餘前氣後氣相去三十日餘每月參差氣漸不正但觀中氣所在以爲此月之正取中氣以正月故言舉正於中月朔與月節每月剩一日有餘（彦士按每月剩一日而不足此言有餘誤）所有餘日歸之於終積之一月則置之爲閏故言歸餘於終此言取中氣以正月則月皆有中與辰相値

因得命爲某月若餘日所積雖多至一月而氣偏不中不得據偏氣以命月故置之爲閏而後月乃又適得中氣以正月令必謂在十二月之後則雖積滿一月而姑不爲閏直候歲終乃以後月之三十日附於前月以爲閏月是前有無中氣之月後有有中氣之閏證諸經傳難以盡合衡楽陸氏所云說本杜氏最爲確切梅氏勿庵曰左氏履端於始謂推步者必以十一月朔日冬至爲起算之端故曰履端而序不愆也十二月之中氣必在其月如月内有冬至斯爲仲

冬十一月月內有雨水斯爲孟春正月月內有春分斯爲仲春二月餘月並同皆爲本月之中氣正在本月三十日之中而後可名之爲此月故曰舉正於中民則不惑也若一月之內只有一節氣而無中氣則不能名之爲何月斯則餘分之所積而爲閏月矣閏即餘也前此餘分積累歸於此月而成閏月以爲餘分之所歸則不致春二月入於夏且不致冬三月入於明春故曰歸邪於終則不悖也

萬物春生夏長秋收冬藏天地之正四時之極不易之道

長上

荐

補注爾雅春爲發生夏爲長贏秋爲收成冬爲安寧四時和爲通正謂之景風管子四時曰春贏育夏養長秋聚收冬閉藏大寒乃極國家乃昌四方乃服此謂歲德極中也不易不改易也

夏數得天百王所同其在商湯用師於夏除民之災順天革命改正朔變服殊號一文一質示不相沿以建丑之月爲正易民之眡一作視若天時大變亦一代之事亦越我周王致伐於商改正異械以垂三統

補注徐發曰正歲本於歷數有餘不足因時改變故有改朔之法亦謂之改正朔若正月乃四時之首孟春定數何得改變故商以建丑之月爲正朔即伊訓之元祀十有二月乙丑祠先王也蓋正朔爲班朝蒞治之始故新君廟見於此時行之然而仍稱十有二月則可知商之改正寔非正月矣衡案夏數謂由正月至十二月之數得天謂合天道百王所同則因而不改也其改者爲歲首湯革命則以丑月爲歲首武伐商則以子月爲歲首故曰改正朔

至於敬授民時巡狩祭享猶自夏焉盧文弨曰祭前編作蒸是謂周月以紀其政

補注徐發曰此尤見改正不改月之明證矣衡案敬授民時如堯典所載厥民因厥民析小正所載綏多士女之類巡狩二月岱五月南嶽八月西嶽十一月北嶽也祭享春祠夏礿秋嘗冬烝之類自用也華泉曰六經論疏所稱或用周正或用夏正參錯不一惟周禮則斷從夏正春秋則斷從周正汲冢周書周月解篇云夏數得天百王所同至於敬授人時巡狩祭

享猶自夏焉故先儒謂商周革命建子建丑有改正朔之名而授時祭享有用夏時之實春秋史官紀事之體必皆本朝之朔尊王也其民俗通行悉從夏令蔡德晉曰或問經文有正月有正歲鄭康成以正月爲周正正歲爲夏正葉秀發以正月爲夏正正歲爲周正吳德方以正月正歲皆爲周正王昭明以正月正歲皆爲夏正果孰爲是曰昭明之說近是據逸周書授時祭享猶自夏焉周禮正授時祭享之書凡四時皆用夏令則正月用夏正可知況淩人十二月令

靳冰康成亦以爲用夏正矣十二月旣用夏正正月安得用周正也施彥士曰梭以周正爲改月者據春秋而不可通於周禮以爲不改月者據周禮而不可通於春秋聚訟紛如迄無定論不知周之正歲自建子歲於是改卽於是正正月自建寅觀此解以子月爲天正之一月而不曰正月其義益顯

時訓解第五十二

此七十二候所由始也蓋自周有之非始於秦漢也

困學紀聞曰夏小正具十二月而無中氣有候應而

無日數時訓乃五日爲候三候爲氣六十日爲節二書詳略雖異大要則同易通卦驗所記氣候比之時訓晩者二十有四早者三當以時訓爲正故楊子雲太元二十四氣關子明論七十二候皆以時訓衡案周書時訓與今法同自唐大衍術議後多遵用之仁和郎瑛著七修類藁有二十四氣考王棠知新錄采其說而復申論之然於名物不甚詳核近刻藝海珠塵載曹仁虎七十二候考亦祇詳歷代異同增損而於時應概無發明

立春之日東風解凍又五日蟄蟲始振又五日魚上冰

補注立春之日正月節氣也孝經援神契立始建也東風一日谷風一日協風一日滔風一日條風解凍者立春距冬至四十六日陽氣暢達向之水澤腹堅今則無不融釋也蟄蟲始振者冬時蟄蟲皆塞其戶今得陽氣故始動即小正所謂正月啟蟄也按月令兩言蟄蟲其在孟春之月云蟄蟲始振者即時訓立春之日所載也其在仲春之月云蟄蟲咸動啟戶始出者即時訓所謂驚蟄之日也魚上冰者魚當盛寒

之時伏於水下正月陽氣至則上游而近冰卽小正

所謂魚陟負冰也

風不解凍號令不行蟄蟲不振陰姧陽魚不上冰甲冑私

藏

補注此占驗之始也案風爲號令之象故易巽爲風

君子以申命行事蓋風行於天猶令行於國今不解

凍是帝出乎震而不齊乎巽也故其占爲號令不行

之象蟄蟲昆蟲也昆蟲得陰而藏得陽而生今時當孟

春而猶不振是陰氣犯陽陽氣不能發於黃泉也故

其占爲陰姧陽之象氷有稜角甲冑之應也葢氷薄則魚陟負氷而上下和氷厚則魚不上氷而陰陽戰易曰履霜堅氷至防其漸也故其占爲甲冑私藏之象

雨水之日（雨去聲）獺祭魚又五日鴻雁來又五日草木萌動

案盧本雨水改作驚蟄下驚蟄之日改作雨水並注云古雨水在驚蟄後前漢末始易之後人遂以習見妄改古書此昔本亦以雨水在前驚蟄在後非也今從沈改下穀雨清明亦然衡案盧意所謂古者指呂氏十二紀及小戴月令也不知呂氏與月令但兩紀驚蟄一在孟春一在仲春一謂其始蟄一謂其蟄出戸也而漢初之以驚蟄在正月者葢泥於小正正月啟蟄之說後改從古以雨水爲正月中驚蟄爲二月節者據時訓也今但仍舊

補注雨水之日正月中氣也謂之雨水者前此雨雪今則融爲水也獺也者獱也水獝也一名水狗似狐而小青色魚也者鯉鮒之屬也獺祭非其類故小正大之而謂之獺獸祭魚也祭也者何也此時魚肥美獺將食而先置之水邊四面陳之有似於祭所謂獺祭圓鋪是也圓鋪者水象也鴻雁來者自南而北也即小正所謂正月雁北鄉也案時訓小寒之日已言雁北鄉此直云鴻雁來而其義自見且雁無定居有似旅人故南北皆可以言來萌動謂草木之根漸有

生意大戴禮所謂百草權輿是也

獺不祭魚國多盜賊鴻雁不來遠人不服草木不萌動果蔬不熟

補注魚潛於水猶盜賊伏於草莽獺能捕魚則魚避之今不祭魚則魚得肆志矣故其占爲國多盜賊之象鴻雁一歲自北而南復自南而北如旅人之奔走今時當北鄉而猶不來故其占爲遠人不服之象草木者果蔬之本也春不發揚安望秋實故其占爲果蔬不熟之象

驚蟄之日（驚蟄盧本作雨水）桃始華又五日倉庚鳴又五日鷹化爲鳩（月令正義引同）

補注驚蟄之日二月節氣也謂之驚蟄者蟄蟲聞雷而驚出也淮南天文訓雨水加十五日斗指甲則雷驚蟄蓋前此有動有不動今則無不動矣故月令仲春言蟄蟲咸動也桃也者杝桃也即小正所謂梅杏杝桃則華也此不言梅杏者梅杏華或在前而桃則必二月始華也倉庚者商庚也即小正所謂有鳴倉庚也鳴則蠶生故豳風咏之以紀可蠶之候焉倉庚

一謂之鵹黃一謂之黃離一謂之楚雀一謂之摶黍
其謂之斲木者高誘注時則之謂也其謂之長股者
大戴釋小正之談也鷹也者雕也鷙鳥也化爲鳩者
春氣盪鼓猛戾化爲慈柔即小正所謂正月鷹則爲
鳩也鷹也者其殺之時也鳩也者非其殺之時也善
變而之仁也益其質猶是而其性則變也闕其形則
鷹而格其性則鳩也故曰化也郎瑛曰仲春之時鷙
喙尚柔不能捕鳥瞪目忍饑如癡而化故曰鷹鳩
桃不始華是謂陽否倉庚不鳴臣不口主（案闕疑是從字）鷹不化

鳩鵲戎數起盧文弨曰御覽作桃始不華是謂否塞又云倉庫災倉庚不鳴卽下不從上御案御覽所引俱誤

補注桃色紅其象爲火火有所附則不爲災今不始華則陽氣無所泄故其發必猛烈而爲害易通卦驗曰驚蟄大壯初九桃始華不華倉庫多火是其應也故其占爲陽否陽火也否塞也倉庚性和不妒故當春而鳴所歌喜起之應也今不鳴則國家攜貳故其占爲臣不從主之象鷹鳥性鷙不仁之應也化爲鳩則不仁者遠矣今不爲鳩其賊殺也必有應故其占

爲寇戎數起之象

春分之日元鳥至又五日雷乃發聲又五日始電

補注春分之日二月中氣也淮南天文訓驚蟄加十五日斗指卯中繩故曰春分春秋繁露仲春之月陽在正東陰在正西謂之春分春分者陰陽相半也故晝夜均而寒暑平元鳥者燕也燕乙鳥故謂之鳦莊子謂之鷾鴯乙以春分來是爲二月之候鳥即小正所謂來降燕乃睇也雷也者震氣也正月必雷雷不必聞至二月始得聞之電也者激氣也二月雷不必

卷十三

雷然雷爲火電爲燄電則其雷之將發而先見者故其色青而紫有電然後有雷蓋有電而不雷者未有雷而不電者二月其氣微不甚著故人有見有不見也謂之始者因雷而始之也

元鳥不至婦人不娠雷不發聲諸侯失民不始電君無威震盧文弨曰御覽作電若不見國無威振振與震同

補注元鳥以施生時來巢人堂宇而孚乳故古禮祀于高禖以爲請子之候今其鳥不至則天失其施地失其生而人受厥咎矣故其占爲婦人不娠之象雷

震百里大國侯伯之應今不發聲則無以號令而民將背畔矣故其占爲諸侯失民之象電也者雷之前驅也雷未至而電已奪其魄則其威可畏也今不始電非無電也無雷則亦無電也雷以電照民猶君以刑政治國刑政者君之威震也今因無雷而亦不始電則無以爲五常之鞭策矣故其占爲君無威震之象

清明之日（虛木清明作穀雨）桐始華又五日田鼠化爲鴽又五日虹始見

補注清明之日三月節氣也謂之清明者天氣和煦萬物鮮潤明潔也淮南天文訓春分加十五日斗指乙則清明桐始華者即小正所謂拂桐芭也桐有白桐青桐油桐今始華者白桐也田鼠者鼷鼠也鼷鼠也者嗛鼠也非食禾之田鼠也食禾之田鼠為碩鼠化為鴽之田鼠為鼢鼷同名而異實也小正傳鴽鵪也說文鴽牟母也爾雅作鴾母王砅素問注鴽鶉也案鶉即鵪故列子天瑞云田鼠之為鶉也一說田鼠即田雞淮南齊俗訓夫蝦蟆為鶉是也薛傳均曰鴽

說文作鼃儀禮注引莊子云蝦蟆所化衡案蝦蟆即蛙一統志湖北施南府蝦蟆池在恩施縣南一百二十里池多蝦蟆春水方生輒跳躑出岈間前此變爲羽隨衆翱飛去上人常得之雀網中是其驗也蓋是陽氣極旺故潛物化爲飛物也或以鴽爲田鼠所化鶉爲蝦蟆所化分鶉與鴽爲二似可不必虹也者陰陽交媾之氣其物青紅二氣相抱一謂之螮蝀或曰雄者謂之虹雌者謂之蜺其實一物也蓋雄勝雌則陽盛而鮮明雌勝雄則陰盛而微闇矣

桐不華歲有大寒田鼠不化駕國多貪殘虹不見婦人苞亂盧文弨曰御覽作亂色衡案御覽誤亂平聲與寒殘叶

補注桐木挺生中虛而外直其得氣最易今不華是陽氣不至也故其占爲歲有大寒之象田鼠耗物而害於民者也化爲鴽則變形易志而歸於善矣今乃不因氣候而化則鼠竊必衆故其占爲國多貪殘之象虹者淫氣也氣有所附則升而散今不始見則婦人應其事易通卦驗曰虹不時見女滿亂公虹者陰陽交接之氣陽倡陰和之象今失節不見似人君心

在房內不脩外事廢禮失義夫人淫恣而不制故云女謁亂公衡案易緯所云與時訓同故其占為婦人苞亂之象苞亂者謂包藏淫亂也

穀雨之日（虞本穀雨作清明）萍始生又五日鳴鳩拂其羽又五日戴勝降于桑

補注穀雨之日三月中氣也淮南天文訓清明加十五日斗指辰則穀雨謂之穀雨者言雨以生百穀也今以清明前十日得雨謂之桃花雨以清明後十日得雨謂之御花雨蓋有雨則歲豐無雨則歲歉故謂

之穀雨也萍也者苹也無根之物生與水平故名苹
也一謂之水藻鳴鳩者鶻鳩也一曰鶌鳩左傳謂之
祝鳩祝鳩應春而鳴故亦謂之鳴鳩離騷謂之雄鳩
莊子謂之鷽鳩呂氏季春紀注謂鳴鳩是斑鳩誤鳴
鳩春來冬去而斑鳩則四時有之者也鳴也者言如
相命也拂也者搏也鳩感陽氣而搏羽故曰拂其羽
戴勝鵖鳫也亦謂之鵖鴔蠶事之候鳥也鳥似山鵲
而尾短色青毛冠俱有文飾若戴花勝故謂之戴勝
呂氏季春紀作戴任淮南時則作戴焉任卽鵀鵀卽

勝也東齊海岱之間謂之戴南南亦鵀也禽經曰戴

勝布穀案布穀催耕以典男事戴勝催織以典女功

非一鳥也其謂之降者若自天而來並之也鳥于是

時恒在桑故曰降于桑

萍不生陰氣憤盈憤盈繹史作憤生鳴鳩不拂其羽國不治兵戴

勝不降于桑政教不平不平舊作中今從御覽卷三十改盈兵平叶

補注萍者浮蕩之物最易生者也微陽蒸煦便盈溝

壑今乃爲寒氣遏而不生故其占爲陰氣憤盈之象

羽者舞人所執羽舞所以息兵也國治兵則羽舞而

鳩亦應乎上今不拂羽無以勸物也故其占爲國不治兵之象戴勝頭戴花勝蒲徹太平之象降于桑以興蠶也國家無事政教和平婦人得以務其織紝今戴勝不降是桑者少而上無以勸也故其占爲政教不平之象

立夏之日螻蟈鳴又五日蚯蚓出又五日王瓜生

補注立夏之日四月節氣也淮南天文訓穀雨加十五日斗指常羊之維則春分盡故曰有四十六日而立夏孝經緯云斗指東南維立夏物至此時皆假大

也螻蟈一名蛙色青而長股今所謂水雞本草所謂土鴨爾雅所謂耿黽也黽單呼謂之蟈雙呼謂之螻蟈其實一也夏小正四月鳴蜮蜮與蟈同高誘時則注乃謂螻是螻蛄蟈是蝦蟇誤矣蔡中郎分爲二物亦誤高注呂氏孟夏紀螻蟈蝦蟇也與康成月令注螻蟈蛙也同其說可據鄭瑛乃謂螻蟈是土狗即小正之縠榮鼓是矣螻乃三月應候之物非四月也蚯蚓者却行之物無心之蟲土精也其爲物引而後伸故訓之蚯蚓爾雅螼蚓蜸蠶郭注即蛩蟺也王瓜一名

土瓜爾雅之鈎葜姑也月令鄭注王瓜萆挈也夏小正四月王萯秀爾風箋疑即是蘡草案王萯王瓜一物也蓋以草言之則其時已秀故小正四月言王萯秀由風四月言莠蘡以瓜言之則其時乃生故時訓月令淮南俱言王瓜生也

螻蟈不鳴水潦淫漫蚯蚓不出變奪后命（命字舊缺今據御覽補御覽變作臣）王瓜不生困于百姓（御覽困作苦）

補注螻蟈屬土土氣王則鳴今不鳴則土不勝水故其占爲水潦淫漫之象蚓亦土屬其爲物能屈小人

女子之態今不出是潛藏于內欲有所謀也故其占爲嬖奪后命之象王瓜民食也今不生則微令繁而民荒於國故其占爲困于百姓之象李兆洛曰蚯蚓純土不出者土氣否也地爲后象故嬖奪后命瓜陰類微者故困于百姓

小滿之日苦菜秀又五日靡草死又五日小暑至

補注小滿之日四月中氣也淮南天文訓立夏加十五日斗指巳則小滿謂之小滿者言物長於此小得滿盈也苦菜一名荼陶宏景疑以爲茗者非也通卦

驗曰苦菜葉似苦苣而細斷之有白汁花黃似菊堪食但苦耳邵晉涵曰夏小正正月取荼是孟春已取荼矣衡案小正正月是采芸非采荼也取荼在于黃秀之後亦四月也靡草薺葶藶之屬薺也者菜之甘者也以冬美以夏死葶藶者草也亦謂之丁藶亦謂之狗薺三月開花結子至夏則枯死案二物皆草之靡細者故曰靡草淮南天文訓陰生於午故五月爲小刑薺麥葶藶枯冬生草木必死是也小暑者氣將鬱而未甚也

苦菜不秀賢人潛伏靡草不死國縱盜賊小暑不至是謂陰慝盧文弨曰御覽賢作仁不死作朿死慝作匿

補注賢人守節在下如荼之苦今不秀是無發榮之曰故其占爲賢人潛伏之象靡草歲延于地盜賊潛伏之應今不死是不能翦除也故其占爲國縱盜賊之象暑者陽氣外發之應今其氣不至則陽不勝陰故曰是謂陰慝

芒種之日螳螂生又五日鵙始鳴又五日反舌無聲

補注芒種之日五月節氣也謂之芒種者言有芒之

穀至是可斂可穜也淮南天文訓小滿十五日斗指丙則芒種螳螂蟷蠰也一謂之齕肬一謂之天馬一謂之巨斧爾雅謂之不過鵙也者伯勞也狀類鵲鶡而大亦謂之百鷯亦謂之搏勞亦謂之百趙通雅曰鵙即今之苦吻鳥四月鳴苦苦又名姑惡陳思王惡鳥論云伯勞以五月鳴應陰之動其音鵙鵙故以其音名也反舌百舌也形小于鴝鵒能辨反其舌變易其聲以效百鳥之鳴高誘淮南注五月陽氣極于上微陰起于下百舌無陰故無聲也禮正義引蔡邕曰

反舌蟲名鼃也今謂之蝦蟆其舌本前著口側而末嚮內故謂之反舌其說不足據

螳螂不生是謂陰息鵙不始鳴令姦壅偪詩傳名物集覽引作號令壅偪

反舌有聲佞人在側

補注螳螂感陰氣而生故其物能殺蟲今不生則是陽極而陰不出也故曰是謂陰息鵙性殘賊亦陰氣所感今不始鳴則陰險潛蓄故其占爲令姦壅偪之象反舌能學百鳥詩所謂巧言如簧者佞道也今有聲則不應候矣故其占爲佞人在側之象

夏至之日鹿角解又五日蜩始鳴又五日半夏生

補注夏至之日五月中氣也禮所謂日長至也日行南陸臨于東井是謂夏至淮南天文訓芒種加十五日斗指午則陽氣極故曰有四十六日而夏至鹿形小山獸也以陽爲體以陰爲末角末也故應陰而隕蜩也者蟬也一謂之匽一謂之螗一謂之螇螰一謂之蜓蚞四月鳴者謂之札五月鳴者謂之蜩六月鳴者謂之蜩半夏藥草也其生也當夏之半故名易通卦驗謂大暑雨濕半夏生者誤也大暑則季夏非半

夏矣

鹿角不解兵革不息蜩不鳴貴臣放逸半夏不生民多厲疾

補注鹿角善觸有似兵刃今不解則戰鬬之應也故其占爲兵革不息之象蟬居高而吟言官之應故當鳴而鳴則貴臣有以懼矣今不鳴是言路不通有所壅于上也故其占爲貴臣放逸之象易通卦驗曰鹿者獸中陰也貴臣之象鹿應陰解角夏至太陽始屈陰氣始升陰陽相間君臣之象也今失節不解臣不

承君之象故爲貴臣作姦也此其說非也案貴臣作姦即貴臣放逐在周書爲蜩不鳴之應而鹿角自象兵革與此無與也通卦驗又曰姤上九候蟬始鳴不鳴國多妖言蟬應期鳴舌語之象今失節不鳴則失時多妖言此蓋以大雪候鶡鳥猶鳴國有訛言誤爲此候應矣詩傳名物集覽云蜩五月便鳴俗云五月不鳴嬰兒多災此又似半夏不生民多厲疾之訛半夏氣味辛平感一陰始生今不生則夏有伏陰而氣必鬱故其占爲民多厲疾之象

小暑之日溫風至又五日蟋蟀居辟又五日鷹乃學習

補注小暑之日六月節氣也淮南天文訓夏至加十五日斗指丁則小暑謂之小暑者此時暑熱之氣猶未盛對大暑而言也呂氏春秋謂夏之德在暑故以暑爲驗也溫風蘊風也月令作溫風始至與時訓同呂氏季夏紀淮南時則訓並作凉風始至高誘曰夏至後四十六日立秋節故曰凉風始至蓋小暑十五日乃大暑大暑十五日乃立秋不得取三十日後之凉風以爲小暑之驗也蟋蟀者蛬也一謂之瑟蝗亦

謂之蜻蛚亦謂之趣織似蝗而小生于牆壁之下故曰居辟辟與壁同鷹乃學習者前此鷹性慈柔至此始順殺氣習肆搏擊小正所謂六月鷹始摯也

溫風不至國無寬教蟋蟀不居辟急迫之暴鷹不學習不備戎盜盧文弨曰御覽作溫風不至卽時無緩蟋蟀不居壁卽恒急之暴鷹不學習卽寇去不備衡案御覽所引俱誤

補注溫風陽氣所結陽爲德爲生今不至則刑政之酷而陰氣愁慘也故其占爲國無寬敎之象蟋蟀居壁猶民得所依今不居壁則無所容也故其占爲暴

急之象遯卦驗曰蟋蟀之蟲隨陰迎陽居壁向外趣婦女織績女工之象今失節不居壁女工不成有淫泆之行因夜爲姦故爲門戶夜開門戶人之所由出入今夜不閉明非也此又一解也鷹逐鳥雀比司寇之擊奸討馬之討賊今不學習則軍容慢矣故其占爲不備戎盜之象

大暑之日腐草化爲螢又五日土潤溽暑又五日大雨時行

補注大暑之日六月中氣也謂之大暑者比小暑爲

盛也腐草朽敗之草螢一名卽照一名景天呂氏作螢蚈淮南作蚈案螢與蚈俱生于腐草并是季夏節候之驗故或以爲螢或以爲蚈記者各有所授不必同也土潤溽暑大雨時行者內經曰中央生濕濕生土土生甘甘在天爲濕在地爲土管子四時曰中央爲歲德掌和和爲雨春秋繁露五行之義曰土居中央謂之天潤白虎通曰土在中央者主吐含萬物土之爲言吐也此皆季夏土之驗也

腐草不化爲螢穀實鮮落土潤不溽暑物不應罰大雨不

時行國無恩澤占文照曰御覽作土潤不溽暑即徵應也謂久雨不時行即恩不及下凡句皆有即字衍案御覽所引俱誤

補注腐草朽落之物化而爲螢則天地之生氣所惡今不化則終於朽壞矣故其占爲穀實鮮落之象鮮解也月令季夏行春令則穀實鮮落呂氏春秋作解落鮮即解也落落如落實取材之落季夏土潤因溽暑所致今不溽暑則刑罰過峻是當煥而不煥也故其占爲物不應時之象雨者天之發施猶國之恩澤也今萬物皆待命而大雨不降是惠不及衆也故其占

爲國無恩澤之象

立秋之日涼風至又五日白露降又五日寒蟬鳴

補注立秋之日七月節氣也淮南天文訓大暑加十五日斗指背陽之維則夏分盡故曰有四十六日而立秋孝經緯大暑十五日斗指坤爲立秋秋者揫也物于此而揫斂也涼風者氣轉而將肅也陸佃曰西風謂之涼風淮南天文訓景風至四十五日涼風至高誘呂氏孟秋注涼風坤卦之風露者天地滋潤之氣至是應金行之象而白也降下也寒蟬者寒蜩也

似蟬而小其色青一謂之蜓蠑一謂之蟪蛄卽小正所謂寒蟬鳴是也又謂之寒蟪蟪卽瘖蓋此蟲不鳴於夏故謂之瘖蜩又謂之啞蟬鳴則天涼故謂之寒蟬也鄭玦曰今秋初夕陽之際小而綠色聲急疾者俗稱都了是也衡案廣雅謂之蛁蟟

涼風不至國無嚴政白露不降民多欬病欬病舊作疾病盧本作邪病今從藝文類聚御覽作欬寒蟬不鳴人皆力爭

補注涼風者金行之應金主刑殺嚴政也今不至則上慢而下縱矣故其占爲國無嚴政之象露者陰陽

之和也季夏暑熱煩悶得秋氣之清潤則暑鬱解而民氣和故無病今白露不降故暑變而旱亢陽爲患使天地清潤之氣不行則于五行爲金者于人主肺肺色白而屬金喜潤而惡燥又主氣今乃無以助其滋養之性則氣燥而逆故其占爲民多欬病之象寒蟬飲而不食應時而動如守令之清而治化行也今不鳴則賢者尸位而民氣不靖矣故其占爲人多力爭之象

處暑之日鷹乃祭鳥又五日天地始肅又五日禾乃登

補注處暑之日七月中氣也淮南天文訓立秋加十五日斗指申則處暑謂之處暑者暑氣將退而伏處也鷹乃祭鳥者是月鷹鷙殺鳥于大澤之中四面陳之有似于祭也天地始肅者謂始收斂閉藏也禾乃登者登升也

鷹不祭鳥師旅無功天地不肅君臣乃□農不登穀暖氣爲凶凶盧本從舊作災今依御覽與功叶

補注鷹捕鳥雀如師旅捕寇盜今不祭鳥則威無所用也故其占爲師旅無功之象七月之氣於卦爲否

天地有交儆之意故始肅今不肅則上下玩而君臣應之矣穀者民之命也木得秋金而成其時必有清凉之氣助之今農不登穀則火尅金而木亦受其害矣故其占爲暖氣爲凶之象

白露之日鴻雁來又五日元鳥歸又五日羣鳥養羞黄叔琳曰周月令作君鳥養羞螢稟陽有君象故謂之君鳥遂别書君鳥不養羞下臣驕慢羞養之而後食之食之而不盡食之是君道也自今月令訛爲羣鳥而說者紛紛矣衛棨此說黑白顛倒之甚以螢火比君象不倫以不盡食爲君道太甚乃不曰羣鳥訛爲君鳥而曰君鳥訛爲羣鳥不知黄氏所據是何本遂别書也

補注白露之日八月節氣也謂之白露者前此立秋

始降今則露凝而白也淮南天文訓處暑加十五日斗指庚則白露降鴻雁來者自北而南以就煖也元鳥歸者燕以春分來秋分去去者蟄也謂蟄於山林隱僻之地故高誘曰歸謂歸于蟄所也夏小正謂九月遰鴻雁元鳥蟄者舉其晚者而言也羣鳥養羞者羞謂所食若食之有珍羞也夏小正八月丹鳥羞白鳥丹鳥當是有翅之蟲不必定指蚊蚋蠹蟲之小者爲丹鳥猶人之初生爲赤子也白鳥當是百鳥脫去上毛而爲白鳥也白鳥即月令所謂羣鳥也金樓子謂白鳥

是蚊引齊桓七事不足據羞此時羣鳥以丹鳥爲珍羞而不盡食以後此蟲將蟄戶而不可多得也其曰丹鳥羞百鳥者言丹鳥爲白鳥之羞倒文也與時訓月令之言養羞一也呂氏仲秋紀注謂寒氣將至羣鳥養進其毛羽以禦寒似不足據

鴻雁不來遠人背畔元鳥不歸室家離散羣鳥不養羞下臣驕慢

補注鴻雁者遠人之應也今不至則所以柔之者無道耳故其占爲遠人背畔之象元鳥巢入屋宇經秋

而蟄得安止之義今不歸則漂泊無定故其占爲室家離散之象蟄鳥者臣下之應也有備無患似臣下之小心謹慎今不蓄羞則恃寵而玩事矣故其占爲臣下驕慢之象

秋分之日雷始收聲北堂書鈔雷部注引始作乃又秋部引作始與今本同藝文類聚引作雷乃始收又五日蟄蟲培戶培戶御覽引作閉戶桂未谷札樸云月令蟄蟲坯戶周書時訓作附附即坿衛棨今本作培又五日水始涸

補注秋分之日八月中氣也淮南天文訓白露加十五日斗指酉中繩故曰秋分孝經緯白露後十五日

斗柄指酉爲秋分陰生於午極于亥故酉其中分也雷者陽氣所發也八月陽氣漸衰故收聲漢五行志曰于易雷以八月入其卦曰歸妹言雷復歸入也培戶益戶也謂以土增益其穴之四畔使通明處稍小之也水自八月中氣以後潮勢就衰雨澤漸少溝澮無復盈滿之象故始涸周語曰辰角見而雨畢天根見而水涸則自此以後也蓋九月事也

則始涸一則盡涸也

雷不始收聲諸侯淫泆泆舊作佚藝文類聚亦作佚今從御覽作泆蟄蟲不培

戸民靡有賴水不始涸甲蟲爲害盧文弨曰御覽別見一段云雷乃收聲不收聲所人民不安又云諸侯驕逸蟄蟲坏戸不坏戸即邊方不寧又云人靡有賴水始涸水不始涸即人多疾病又云介蟲爲害惠云此當是古本衡案御覽別見一段倶誤

補注雷震百里大國諸侯之象雷應天地之節而收聲猶諸侯服天王之政教而寧輯也今不收聲則號令不肅矣故其占爲諸侯淫泆之象蟄蟲坏戸猶民之綢繆牖戸也今不坏戸則不安厥居而莫能禦故其占爲民靡有賴之象水者介蟲之窟宅也今不始涸則黿鼉之屬得有所憑藉以肆其毒故其占

爲甲蟲爲害之象

寒露之日鴻雁來賓又五日爵入大水化爲蛤又五日菊有黃華

補注寒露之日九月節氣也淮南天文訓秋分加十五日斗指辛則寒露三禮義宗曰寒露者九月之時露氣轉寒故謂之寒露也賓也者客也鴻雁一歲南北遷徙無定其孕育乳孳俱於北方是北方乃其巢守之所而南方乃其作客之鄉故曰來賓賓之爲言賓旅也或曰賓與濱通詩率土之濱王莽傳作率土

之賓此鴻雁來賓蓋謂自北而南來居于彭蠡之濱禹貢所謂彭蠡既豬陽鳥攸居是也亦通高誘呂氏淮南二注俱以賓字連下爵字成文因謂賓爵者老爵也棲宿人堂宇之間有似賓客故謂之賓爵此其說非也易通卦驗曰立冬不周風至始冰薺麥生賓爵入水爲蛤鄭注賓爵入水爲蛤亦物應時之變候衡案通卦驗所云之賓爵此賓字尤當通作濱蓋謂沙灘海岸之傍其地所產之鳥雀性情與水相近且多水族所化故當陰極之時又復轉而爲蛤也其有

以賓鳥爲鴻雁者魏摯笳賦之賓鳥鼓翼謝朓郊廟歌之榆關命賓鳥是也有以賓爵爲水濱之鳥者張叔皮論之賓爵下革陶注本草之賓爵化爲蛤是也二事須分別有大水者海也爵化爲蛤者飛物化爲潛物陽氣伏而在下也即小正所謂爵入于海爲蛤也蛤蛤蠣海蛤魁蛤之類菊一名治蘠夏小正所謂九月榮鞠也

鴻雁不來小民不服爵不入大水失時之極菊無黃華土不稼穡

補注鴻雁至秋而就煖南方如小民之知依而懷樂土也今不來是不相歸附也故其占爲小民不服之象爵入大水時之應也今不入則物失其性矣故曰失時之極續古今注云九月雀不入水則多淫佚此蓋誤以立冬雉不入水之占混于九月矣菊者牝菊也當榮而榮樹麥之候也且其色正黃應在農事今不花知來歲之力田惟草其宅也故其占爲土不稼穡之象

霜降之日豺乃祭獸又五日草木黃落又五日蟄蟲咸俯

俯御覽作附

補注霜降之日九月中氣也淮南天文訓寒露加十五日斗指戌則霜降國語駟見而隕霜注謂建戌之中霜始降考異郵曰霜之爲言亡也豺乃祭獸者是月豺殺諸獸四面陳之有似乎祭小正在十月者舉其晚也草木黃落者九月金盛尅木故先黃而後落國語本見而草木節解注本氐也謂寒露之後十日陽氣盡草木之枝節皆理解也蟄蟲咸俯俯也者伏也謂以身附土就地陽而不出也呂氏季秋紀所謂

蟄蟲咸俯在穴皆墐其戶也

豺不祭獸爪牙不良草木不黃落是爲愆陽蟄蟲不咸俯民多流亡

補注豺殺諸獸如徒役之捕盜今不祭獸是不用力也故其占爲爪牙不良之象九月陽氣寖微故草木盡凋今不黃落則過時而陽不斂也故曰是爲愆陽蟄蟲畏寒在穴如小民之塞向墐戶今不咸俯則無以安其身故其占爲民多流亡之象

立冬之日水始冰又五日地始凍又五日雉入大水爲蜃

補注立冬之日十月節氣也淮南天文訓霜降加十五日斗指蹏通之維則立冬孝經緯霜降後斗指西北維立冬水始冰冰者陰極於亥故凝結也地始凍者寒氣由外達內無不閉塞也雉比雀爲大故化爲蜃蜃亦比蛤爲大也大水淮海之屬小正傳謂蜃爲蒲盧則大蛤也月令鄭注大蛤曰蜃呂氏淮南注並云蜃蛤也或曰蜃蠡蛟屬

水不冰冰是謂陰負地不始凍咎徵之咎上咎字疑誤雉不入大水國多淫婦盧文弨曰御覽又載一段云立冬十月節水始冰若不冰卽陰之有負地始凍若不凍卽

泆徵之徵野雞化爲蜃若不爲蜃即時多淫婦案此惠氏所疑爲古本者也然避民字雉字當出唐人所更定御案
御覽剔出一段俱係訛誤

補注水得陰氣而凝今不冰則陰不能聚也故曰是謂陰負地不始凍篠恒燠若也故其占爲咎徵雉喜淫常與蛇交化爲蜃則沈伏於下今不入水則陽動而不能禁其欲故其占爲國多淫婦之象

小雪之日虹藏不見又五日天氣上騰地氣下降又五日閉塞而成冬

補注小雪之日十月中氣也淮南天文訓立冬加十

五日斗指亥則小雪三禮義宗十月小雪爲中氣氣斂轉寒雨變成雪故以小雪爲中謂之小雪者未盛之辭對十一月而言也虹者陰陽相接而成今氣不交故藏不見天氣上騰地氣下降者非復前此絪縕化生而暫爲凝聚以待來歲之發洩也閉塞而成冬亦指天地之氣言呂氏孟冬紀注謂天地閉冰霜凜烈成冬呂氏音律篇亦云應鐘之月陰陽不通閉而爲冬是也鄭康成謂門戶可閉閉之窗牖可塞塞之

誤

虹不藏婦不專一天氣不上騰地氣不下降君臣相嫉不閉塞而成冬母后淫佚

補注虹爲天地之淫氣當藏而藏婦德之應也今不藏則雌雄逐逐而事必有驗矣故其占爲婦不專一之象天尊地卑君臣之應也今乃天不上騰則于事爲逼下地不下降則于事爲凌上故其占爲君臣相嫉之象冬者四時之終也坤道也易所謂無成而代有終也今乃不閉塞則于至靜之德不協故其占爲母后淫佚之象

大雪之日鴠鳥不鳴繹史引作鶡鳥鳴誤又五日虎始交又五日茘挺生

補注大雪之日十一月節氣也淮南天文訓小雪加十五日斗指壬則大雪謂之大雪者此時寒氣極盛雨雪比前月爲大也鴠鳥求旦之鳥詩所謂鴇鳴淮南時則同禮坊記所謂盍旦也廣志作侃旦方言作鴇旦通卦驗作曷旦詩注作渴旦說文鳥部鴠渴旦也高誘呂氏注鴠鳴山鳥陽物也是月陰勝故不鳴也淮南注同唐書及宋金史俱作鶡鳥誤案鶡鳥則又一

物虎始交者虎乃陽中之陰故交于冬至一陽將發之前高誘淮南時則訓注交讀將校之校衡案始交當訓爲交合之義所謂虎不再交是也其字當讀如郊荔挺鄭注月令曰馬薤也顔氏家訓引蔡邕月令章句荔似挺高誘呂氏注荔草挺出之說以月令注爲誤衡案下文荔挺不生與易通卦驗荔挺不出皆以荔挺二字連名鄭注似不可議

鳴鳥猶鳴（御覽作鶡鳥繹史引作鴠鳥不鳴俱誤）國有訛言虎不始交將帥不和荔挺不生（不生御覽作不出）卿士專權

補注鵙以陽鳥而鳴於陰極之時則口舌爲祟之應也故其占爲國有訛言之象虎者將帥之應也今不交則貔貅必有不相能者故其占爲將帥不和之象荔挺生而正直如臺端得人有正色立朝之象今不生則朝列無所懼故其占爲卿士專權之象易通卦驗謂荔挺不出則其國多火此又一說也

冬至之日蚯蚓結又五日麋角解又五日水泉動

補注冬至之日十一月中氣也蚯蚓結者高誘呂氏注結紆也麋角解者麋是陰獸冬至得陽氣而解角

也水泉動者泉浚于地陽氣聚于內故稟微陽而動

動謂氣始達也

蚯蚓不結君政不行麋角不解兵甲不藏水泉不動陰不承陽

補注蚯蚓蠕動之物今陽氣已達黃泉而猶挺然若死則是一陽未生而號令不伸于至近也故其占為君政不行之象麋角象刃亦如鹿角俱兵甲之應今不解是黷武也故其占為兵甲不藏之象水泉乘陰而凝乘陽而達今不動則嫌于無陽矣故其占為陰

不承陽之象

小寒之日雁北向又五日鵲始巢又五日雉始雊雊音豆

補注小寒之日十二月節氣也謂之小寒者對大寒而言也管子四時曰其時曰冬其氣曰寒呂氏春秋曰冬之德寒故以小寒大寒爲冬日之驗也淮南天文訓冬至加十五日斗指癸則小寒雁北向者自南而北此據早者而言也晚者正月二月乃北鄉故時訓於雨水又言鴻雁來始巢淮南作加巢高誘曰鵲感陽而動上加巢也詩維鵲有巢箋鵲之作巢冬至

加功至春乃成故曰始巢雉始雊雊謂鼓其翼也小

正正月雉震呴而此在十二月者一言其震呴乃大

鳴之候一言其始雊乃微鼓其音也

雁不北向民不懷主藝文類聚引作懷生御覽繹史作懷土格致鏡原引作懷至俱誤鵲

不始巢國不安寧盧從舊本闕安字今據藝文類聚補雉不始雊國乃大水

盧本從舊闕乃字今據藝文類聚補安寧當作安宇方與土水二字叶盧文弨曰御覽載小寒十二月節雁北鄉雁不北鄉即臣不懷忠鵲始巢鵲不巢即邊方不寧又曰一國不寧野雞始雊野雞不雊即國乃大水衡案所引俱誤

補注雁北向向北闕也是小民拱戴王室之應今時

已轉陽而猶戀煥于南故其占爲民不懷主之象鵲

巢所以安處小之應閭閻之得所大之應城邑之冀安今不始巢則旅無所容矣故其占為國不安寧之象通卦驗曰鵲者陽鳥先物而動先事而應見于未風之象大寒之日鵲始巢今失節不巢癸氣不通故言春不東風也案此以鵲始巢為大寒候而其占為春不東風之應則又一解也雉陰類好與蛇交應北方元武之精惟震雉而上與雷應故水氣散而不為害今乃不始雊則陰氣聚而無以鼓盪之故其占為國乃大水之象大水者來年之應也

大寒之日雞始乳又五日鷙鳥厲疾盧文弨曰宋本無疾字案下云鷙鳥不厲則上句本無疾字宋本是也又五日水澤腹堅

補注大寒之日十二月中氣也淮南天文訓小寒加十五日斗指丑則大寒謂之大寒者寒至此無復加也易稽覽圖所謂冬至後三十日極寒是也白虎通曰冬至陽始起反大寒何也陽氣推而上故大寒雞始乳者謂當孚育之時即小正雞桴粥也小正以爲正月通卦驗以爲孟春候舉其晚者而言也鷙鳥題肩也亦謂之擊征厲疾猛迅也水澤腹堅腹內也

雞不始乳淫女亂男鷙鳥不厲國不除姦（姦各本俱作兵今從御覽改）

水澤不腹堅言乃不從（御覽作言無所從）

補注雞乳所求在得子今不始乳則牝雞之逐逐椎雄是戀矣故其占爲淫女亂男之象鷙鳥厲疾則雀角之屬皆遠避今不厲疾無所用力雖禍在肘腋而不能制也故其占爲國不除姦之象澤也者兌也兌爲口象言語今不復堅則言皆虛僞矣故其占爲言乃不從之象

盧文弨曰案蔡邕明堂月令論云月令篇名因天時制人事天子發號施令祀神受職每月異禮故謂之月令所以順陰陽奉四時效氣物行王政也成法俱備各從時月藏之明堂所以示承祖考神明明不敢泄瀆之義故以明堂冠月令以名其篇戴禮夏小正則夏之月令也殷人無文及周而備文義所說博衍深遠宜周公之所著也官號職司與周官合周書七十二篇而月令第五十三秦相呂不韋著書取月令爲紀號淮南王安亦取以爲第四篇改名曰時則故

偏見之徒或云月令呂不韋作或曰淮南皆非也又案隋書牛宏傳云今明堂月令者鄭康成云是呂不韋著春秋十二紀之首章禮家鈔合爲記蔡邕王肅云周公所作周書內有月令第五十三即此也案宏以今禮記中之月令即是在周書內者故云即此與蔡邕說相符合邕以淮南時則在第四篇今却在第五篇其文與呂氏微異邕作月令問答所云云者皆在呂氏不在淮南旣蔡邕牛宏有斯二證故今即依呂氏十二紀首鈔出以補此闕衡案月令全文已載

在呂氏又載小戴篇中似不必再取以補周書而且出自呂氏其中有無潤色損益不可知恐未必即周書月令之舊故仍從舊闕而其引見于他書者另附于後

春取榆柳之火夏取棗杏之火季夏取桑柘之火秋取柞楢之火冬取槐檀之火

論語鑽燧改火馬氏註云周書月令有更火之文春取榆柳之火夏取棗杏之火季夏取桑柘之火秋取柞楢之火冬取槐檀之火一年之中鑽取各異木故

曰改火也正義曰周書孔子所删百篇之餘也晉太康中得之汲冢其辭今亡衛案御覽二十二引周書夏取棗杏之火九百五十八引周書季夏取桑柘之火則春秋冬當亦引周書爲是而乃于春取榆柳之火則引易京房占見卷十八秋取柞楢之火冬取槐檀之火則謚引鄒子見卷二十四二十六又九百五十四槐部引周禮司爟氏掌取槐檀之火九百五十四桑部引鄒子季夏取桑柘之火九百六十五棗部引鄒子夏取棗杏之火豈非自亂其例乎又其甚者

九百五十六榆部既引秋官司烜氏春取榆柳之火又引鄒子之說于後此與卷二十二引鄒子周書同其重復雜出無序甚矣案鄒子四時改火見周禮司爟疏鄭司農引蓋其源出于周書故御覽或以爲周書或以爲周禮或以爲鄒子其實一也改火之法呂氏十二紀首不載而春三月其燧火（其讀該備之該）夏三月秋三月柘燧火冬三月松燧火則見於淮南時則然四時而三改火則秋用柘必誤蓋傳者失之（管子幼官云五和時節以倮獸之火爨八舉時節以羽獸之火爨七舉時節以毛獸之火爨九和時節以介蟲之火爨六

行時節以轔獸之火爨其於改火之說又别未知出於周月令否也

夏食鬱秋食櫨梨橘柚冬食菱藕

御覽九百七十三引周書夏食鬱秋食橘柚又九百七十五引周書冬食菱藕初學記橘部引周書秋食櫨梨橘柚據藝文類聚菓部引月令食橘柚則初學記御覽所引周書皆月令解中文也藝文類聚草部引周官曰冬食菱藕棗栗朽實案周官當是周書之誤

逸周書卷十三終

逸周書卷十四

晉孔晁注　　　　江都陳逢衡補注

謚法解第五十四

郡齋讀書志曰周公謚法一百九十餘條衡案宋史禮志太平興國八年詔增周公謚法五十五字美謚七十一字爲一百字平謚七字爲二十字惡謚十七字爲三十字則是周公謚法原本止當有九十五字今檢謚法解所載自一人無名曰神至貞心大度曰匡共一百八十餘條而唐張守節所錄以冠於史記

若計一百九十四謚與晁氏所謂一百九十條條合若不數亟字止得九十九謚則與宋禮志所云爭差不遠蓋今本倘有空方三字故也盧抱經謂此解錯簡甚多良然王圻續通考卷一百三十四載周公謚法並註蓋從史記正義而注又多不相同蓋王氏雜取他書改補成文不足以訂孔晁本注之誤

維周公旦太公望開嗣王業建功于牧之野終將葬乃制謚遂叙謚法 盧文弨曰案王伯厚困學紀聞云周書謚法惟三月既生魄周公旦太師望相嗣王發既賦憲受臚于牧之野將葬乃制作謚

補注此因武王將葬議謚南郊而作古者生無爵死無謚謚法周公所爲也

謚者行之迹也號者功之表也車服者位之章也

孔注古者有大功則賜之善號以爲稱也

補注禮外傳謚者行之迹也累積平生所行善惡而定其名也禮表記謚以尊名注謚者行之迹也五經通義曰謚者死後之稱累生時之行而謚之生有善行死有善謚所以勸善戒惡也白虎通曰號者功之表也所以表功明德號令臣下者也崔駰孫衍謚

議曰臣聞號者功之表謚者行之迹據德錄功名當其實車服者賜葬之器如公以九爲節侯伯以七爲節故曰位之章爵語謚文子曰車服表之章也

是以大行受大名細行受細名行出于己名生于人（自謚者行之迹也至此魏書甄琛傳引同）

孔注名謂號謚

補注禮外傳有大行受大名小善受小名小猶細也晉書嵇紹傳謚號所以垂之不朽大行受大名細行受細名後漢安帝紀注引前書音義云禮有大行人

有小行人主謚號官也衛案周禮王謚掌於太師賜謚掌於太史大行人小行人並非掌謚號之官穀梁桓十八年注昔武王崩周公制謚法大行受大名小行受小名所以勸善而懲惡禮天子崩稱天命以謚之諸侯薨天子謚之卿大夫卒受謚於其君故公羊說謂天子謚於南郊御覽五百六十二引大戴曰周公旦太公望相嗣王作謚法謚者行之迹也號者功之狀也服者位之彰也是以大行受大名細行受細名行出於己名生於人謚慎也以人之始終悉慎錄

之以爲名也案大戴亦有謚法與周書同如官人解之亦見大戴是也今大戴僅存官人而謚法亡矣

一人無名曰神盧本從史記正義改作民無能名曰神

孔注不名壹善

補注一人尊無二上之稱無名者無得而名也鶡冠子道端曰莫不受命不可爲名故謂之神孔子曰大哉堯之爲君也巍巍乎唯天爲大惟堯則之蕩蕩乎民無能名焉是其證也北魏神元皇帝謚神

偁善□閒曰聖閒去聲史記正義作揚善賦簡盧本作稱善賦簡

孔注所稱得人所善得實所賦得簡

補注聖通明也盧文弨曰闕處疑是無字所謂禹吾無間然方與聖相稱沈濤曰民無能名曰神稱善無間則能名矣故孟子曰大而化之之謂聖聖而不可知之謂神衍案索隱引世本有衛聖公馳爲愼公之子又姓氏書辨證四十勁引姓源韻譜聖氏八愷隤敳謚聖後世氏焉

敬賓厚禮曰聖

孔注聖於禮也

補注禮鄉飲酒義仁義接賓主有事俎豆有數曰聖

德象天地曰帝

孔注同於天地

補注易坤靈圖德配天地在正不在私曰帝樂稽耀

嘉德象天地為帝白虎通德合天地者稱帝

靜民則法曰皇盧文弨曰正義靜作靖注同二字本通

孔注靜安也

補注獨斷皇者煌也盛德煌煌無所不照風俗通三

皇道德元泊有似皇天故稱曰皇皇者中也光也宏

也白虎通皇君也美也大也盧文弨曰論衡獨斷皇並作黃案黃帝亦作皇帝二字亦本通衡案論衡道虛篇曰黃帝好道遂以升天臣子諫之宜以仙升不當以黃謚謚法曰靜民則法曰黃黃者安民之謚非道德之稱也又白虎通曰古者先黃後帝何黃帝始制法度得道之中萬世不易後世雖聖莫能同也後世德與天同亦得稱帝不能制作故不得復稱黃也

仁義所往曰王往舊作在今從史記正義白虎通引禮記謚法仁義所生稱王文選兩都賦序注引樂稽耀嘉仁義所生爲王案兩生字俱往字之誤

孔注民往歸之也

補注公羊成八年注仁義合者稱王白虎通仁義合者稱王春秋元命苞王者往也神之所輸向人所樂歸也春秋文耀鈎曰王者往也神所向往人所歸落呂覽下賢曰王也者天下之往也韓詩外傳曰王者往也天下往之謂之王春秋繁露滅國曰王者民之所往又深察名號曰王者往也風俗通皇霸引書大傳王者往也爲天下所歸往也

立志及衆曰公

孔注志無私也

補注春秋元命苞公之爲言公正無私也

執應八方曰侯獨斷同

孔注所執行八方應之也

補注白虎通侯者候也候逆順也案執應八方蓋即屏濟之義施彥士曰古者生無爵死無謚故以爵列謚法之首蓋惟克稱其爵乃可以議謚

壹德不懈曰簡獨斷同盧文弨曰左昭二十二年正義作壹意不懈曰簡

孔注壹不委曲

補注周王夷謚簡王晉書郭奕太康八年卒詔曰謚所以旌德表行案謚法壹德不懈爲簡奕忠毅清直立德不踰於是遂賜謚曰簡又唐尉遲汾杜佑謚議曰佑之寬容得衆全和葆光不病於物類其能考終得不爲寬容乎和好不爭衛案謚法好和不爭曰安當云得不爲好和不爭乎又漢書孝安皇帝注引寬容和平曰安亦當云得不爲寬容和平平疑所引有誤自筮仕而極衆任一心於理以恧物潔行廉止人無尤怨得不爲壹德不懈乎請謚爲安簡

平易不疵曰簡疵史記正義作訾唐楊綰謚議引疵作辭盧文弨曰此簡字不侵於文而列於文之

前謚篇中錯簡多矣史記正義本作兩排首排盡然後及次排此簡字在恭欽定襄之前則固灼然可辨也

孔注疵多病也

經緯天地曰文獨斷同

孔注成其道也

補注經緯天地如周文公是已詩皇矣比于文王傳左襄二十八年傳周語思文后稷注並云經緯天地曰文書堯典欽明文思安安馬注鄭注並云經緯天地謂之文又左二十八年傳服注德能經緯順從天地之道故曰文

道德博聞曰文（禮檀弓公叔文子疏唐楊綰諡議並同）

孔注無不知之

補注道德博聞如孔子是已宋夏竦始諡文正司馬光奏曰諡法本意所謂道德博聞曰文者非聞見博雅之謂也

勤學好問曰文（舊作學勤史記正義同今從 欽定續通志改）

孔注不恥下問

補注論語子貢問曰孔文子何以謂之文也子曰敏而好學不恥下問是以謂之文也疏案諡法勤學好

問曰文

慈惠愛民曰文白虎通引禮記謚法漢書孝文皇帝注左傳文公釋文及疏穀梁文公疏論語公叔文子疏引並同

孔注惠以成文也文盧本從史記正義作政

補注慈惠愛民如漢孝文帝是已春秋時邾文公卜遷于繹志在利民亦慈惠愛民之一證遷繹事在魯文公十三年孟子滕文公疏以其能慈惠愛民故以文爲謚

愍民惠禮曰文

孔注以禮安人盧本從史記正義作惠而有禮

錫民爵位曰文

孔注與同升也舊作尞可舉也今從史記正義

補注論語公叔文子之臣大夫僎與文子同升諸公子聞之曰可以爲文矣疏以謚法錫民爵位曰文故也

剛彊直理曰武論語孟武伯甯武子叔孫武叔疏引並同直理盧本据北史于忠傳改作理直又云白虎通引禮記謚法彊理勁直曰武衡案于忠謚議見魏書北史于忠無傳

孔注剛無欲彊不撓直正無曲理忠恕也盧本作理忠恕直無

世也蓋從史記正義

威彊叡德曰武漢書孝武皇帝注引同盧文弨曰正義叡作敵注云與有德者敵訛

孔注思有德者叡也

補注楚語昔衛武公年數九十有五猶箴儆於國於是作懿戒以自儆及其沒也謂之睿聖武公韋注諡法曰威彊睿德曰武

克定禍亂曰武後漢書光武皇帝注左傳隱元年疏引並同獨斷克作尅冊府元龜五百九十五趙漢別傳姜維議引諡法克定禍亂曰下

孔注以兵征故能定

補注武定禍亂如湯武是已禮外傳武定禍亂其功大也書大禹謨乃武乃文傳武定禍亂文選述高帝紀注引項岱尅定禍亂闢土升疆曰武

刑民克服曰武

孔注法以正民能使服

大志多窮曰武大盧本從史記正義作夸

孔注大志行兵多所窮極

敬事供上曰恭左傳隱元年疏引敬長事上曰共後漢章德竇皇后謚曰恭注引謚法敬事尊上曰恭

孔注供奉也

補注周王伊扈謚共共恭同淩曙曰按檀弓是以爲恭世子也疏申生不能自理遂陷父有殺子之惡雖心存孝而於理終非故不曰孝但謚爲恭以其順於父母而已謚法曰敬順事上曰恭

尊賢貴義曰恭

孔注尊事賢人寵貴義士

尊賢敬讓曰恭

孔注敬有德讓有功

旣過能改曰恭唐許敬宗謚議引而獨斷旣過作知過

孔注言自知也

補注左襄十三年傳楚共王卒子囊謀謚大夫曰君有命矣子囊曰君命以共若之何毀之赫赫楚國而君臨之撫有蠻夷奄征南海以屬諸夏而知其過可不謂共乎請謚之共大夫從之共恭同魯語閔馬父曰楚共王能知其過而爲恭晉語是以謚爲共君謂申生韋注謚法旣過能改曰共國人告公以此謚也又楚語可不爲恭乎謂楚恭王韋注謚法旣過能改曰恭

執事堅固曰恭

孔注守正不移

補注如宋共姬逮乎火而死是也

安民長弟曰恭長上聲安盧本從史記正義改作愛

孔注順長接弟盧文弨曰接本一作椄疑二字俱誤

補注長如長養之長弟豈弟也

執禮御賓曰恭盧文弨曰御舊作禦正義前編俱作御注亦釋御字也衡案御當讀如迓

孔注迎待賓也

芘親之闕曰恭

孔注脩德以諡之也

補注易所謂幹父之蠱也魯語閔馬父曰周恭王能庇昭穆之闕而爲恭注庇覆也恭王周昭王之孫穆王之子昭王南征而不反穆王欲肆其心皆有闕失恭王能庇覆之故爲恭也

尊長讓善曰恭 長上蔡盧本從史記正義作尊賢案尊賢前已兩見

孔注不專己善推於人也

補注尊長尙齒也讓善貴德也

淵源流通曰恭 盧文弨曰案正義以文武成康昭穆爲次其淵源流通曰康在溫柔好樂曰康三句

之前今錯簡於此改康爲恭非本文也又書正義引作淵源流通曰禹乘獨斷有堯舜禹湯之謚史正義雖有除殘去虐曰湯一謚而此無之然案書湯誓釋文引馬融之説謂禹湯皆不在謚法中故今亦缺之

孔注性無所忌也孔注而此注又脱去正文一條故此注與正文不合蓋恭謚下脱去兩不相附

照臨四方曰明後漢書孝明皇帝注引同

孔注以明照之

補注左昭二十八年傳詩皇矣其德克明箋禮樂記其德克明注並云照臨四方曰明服虔曰豫見安危也書堯典欽明馬注鄭注並云照臨四方謂之明文

遐邇高帝紀聰明神武注引項岱照臨四方曰明

欽定續通志謚略曰照臨四方漢孝明帝是也

譖訴不行曰明

孔注通知之故不行

補注論語子張問明子曰浸潤之譖膚受之愬不行焉可謂明也已矣

威儀悉備曰欽一切經音義卷二十四引悉備作備悉誤

孔注威則可畏儀則可象

補注欽敬也堯典馬注威儀表備謂之欽表當作悉

此謚唐明宗用之

大慮慈民曰定慈民舊作靜民史記正義同案靜訓安與下安民大慮複今從獨斷

孔注思樹惠也

補注周王瑜謚定王

安民大慮曰定左傳定公釋文及疏穀梁定公疏引並同

孔注以慮安民

補注孟子滕文公薨疏以其能安民大慮故以定爲謚欽定續通志謚略曰安民大慮魯定公是也

安民法古曰定

孔注不失舊意也（舊意疑作舊章）

純行不爽曰定（爽舊作二今從史記正義左傳襄四年定姒疏同冊府元龜五百九十五引作其行不差誤）

孔注行壹不爽

補注所謂有大醇無小疵也　欽定續通志謚略曰純行不爽爲定姒是也

諫爭不威曰德（盧文弨曰諫爭舊作謀慮訛）

孔注不以威拒諫也

補注君不拒諫臣子之幸語曰荷恩爲德此之謂也

周僖王時秦寧公子德公謚德

辟地有德曰襄獨斷左傳襄公釋文孟子梁襄王疏並作辟土

孔注取之以義

補注周王鄭謚襄王

甲冑有勞曰襄

孔注言亟征伐

補注勞謂有功

有伐而還曰釐盧文弨曰正義前編伐俱作討

孔注知難而退

補注有伐而還不窮兵也止戈爲武與民同福故曰

釐釐僖古通用周王胡齊謚僖王春秋齊僖公魯僖

公史記並作釐

質淵受諫曰釐

孔注深故能受

補注良藥苦口利於病忠言逆耳利於行君能受諫

宗社之福也沈濤曰案後漢梁統傳注釐猶改也釐

有改義故受諫曰釐

博聞多能曰憲盧文弨曰憲舊作獻案正義博文多能曰憲憲在良順二謚之後不與獻謚相比並故

今定寫憲前編亦作博文

孔注雖多能不至大道

補注憲法也漢書古今人表秦憲公史記秦本紀作寧公二字不通用必有一誤

聰明叡哲曰獻後漢書孝獻皇帝注引同御雅釋言郭注叡哲作睿知獨斷同後漢書桓帝懿獻梁皇后注引哲作智

孔注有通知之聰也

補注舊獻公具謚獻漢書景十三王傳河間王德立二十六年薨中尉常麗以聞曰王身端行治温仁恭

儉篤敬愛下明知深察惠於鰥寡大行令奏謚法曰

聰明睿知曰獻宜謚曰獻王師古曰獻深也通也

溫柔聖善曰懿盧文弨曰正義作賢善獨斷前編皆作聖善衡案論語孟懿子疏引作賢善後漢懿獻梁皇后注柔作和

孔注性純淑也

補注懿美也周王堅謚懿王

五宗安之曰孝

孔注五世之宗也

補注周王辟方謚孝王禮大傳鄭注小宗四與大宗

凡五正義小宗四謂一是繼禰與親兄弟爲宗二是繼祖與同堂兄弟爲宗三是繼曾祖與再從兄弟爲宗四是繼高祖與三從兄弟爲宗是小宗四并繼別子之大宗凡五也衡案五宗安之則能敬宗收族矣非孝而何

慈惠愛親曰孝盧文弨曰孝舊作慈與慈諡一類正義作孝在五宗句下乘德協時二句之上案慈惠愛親於孝義爲允於慈義太濶故定從正義移此衡案獨斷作孝

孔注言周愛親族也

補注爾雅釋訓善父母爲孝賈子道術子愛利親謂

之孝魏書甄琛傳正光五年卒太常議謚文穆吏部郎袁翻奏曰案甄司徒行狀至德與聖人齊蹤鴻名共大賢比跡文穆之謚何足加焉但比來贈謚於例普重如甄琛之流無不複謚謂宜依謚法慈惠愛民曰孝宜謚曰孝穆衡案慈惠愛民是文謚愛民當作

愛親

協時肇亨曰孝

孔注協合肇始也始也下處從舊本有常如始三字史記正義無今刪

補注能承祭祀不忘遠矣詩曰綏予孝子又曰孝孫

有慶此之謂也

秉德不回曰孝

孔注順於德而不違

補注孝莫大於守身秉順也回邪也秉德不回則其身正而無忝所生矣故曰孝晉書周處列傳太常賀循議曰處履德清方才量高出歷守四郡安人立政入司百僚直節不撓在戎致身見危授命此皆忠賢之茂實烈士之遠節謚法執德不回曰孝遂以謚焉

大慮行節曰考 考舊訛作孝正義同盧文弨曰案正義此句在威祈二字之後不與孝謚連文而今

本亦作孝此傳寫之訛也公羊隱元年疏引此作考考成也正與注合故定從之

孔注言成其節

補注王謨曰案舊謚無考字而孝字已有四條若以周本紀考之威烈王之父是爲考王則考當在謚法此當從通鑑注引謚法作考衛案史記燕世家孝公漢書人表作考公孝考二字形近易混周一代有考王嵬魯有考公就楚有考烈王熊完衛有考伯滕有考公此解不應無考謚一條

執心克莊曰齊左傳襄二年疏引同

孔注能自嚴也

補注悼成公妃姜氏謚齊姜襄公妃歸氏謚齊歸論語叔齊正義齊亦謚也

資輔共就曰齊

孔注資輔佐而供成盧本作有所輔而共成也今從史記正義

補注言其應事接物無缺失也齊有整肅周備之義

豐年好樂曰康樂音洛下同盧文弨曰豐舊作溫正義作溫柔前編作溫良皆訛今依注改衛案後有溫良好樂曰良一條此處作豐年好樂爲是

孔注好豐年勤民事

補注豐年多黍多稌也好樂優游伴奐也周之康王近之

安樂撫民曰康左傳僖四年召康公疏論語季康子疏引並同獨斷撫作治

孔注無四方之虞

令民安樂曰康

孔注富而教之

安民立政曰成漢書孝成皇帝注禮樂志孟康注書顧命馬注左傳文元年疏成公釋文穀梁成公疏引並同獨斷安仁立政曰神神字誤

孔注政以安之

補注安民立政如周成王是已

布德執義曰穆獨斷後漢書獻穆皇后注魏源恢謚議晉蔡司空謚議並同

孔注穆純也

補注周王滿謚穆王布德執義則和而能敬故曰穆

中情見貌曰穆

孔注性公露也

欽以敬順曰傾盧文弨曰正義順作愼注同二字不通用

孔注疾於所敬順也

補注案敬以敬順於傾謚不合漢書文帝紀注諸謚

爲傾者漢書例作頃字此謚史記正義亦作頃頃傾通景十三王傳中山頃王師古曰頃音傾案傾訓衺邪訓危訓傷俱與此不合後文甄心懆動確是傾字

謚議據通鑑周紀注引敏以敬曰愼又蘇洵嘉祐謚法有敏事以敬曰愼則此條當是敏以敬順曰愼

昭德有勞曰昭 盧文弨曰昭德前編作明德

孔注能勞謙也

補注周王瑕謚昭王昭明也民功曰勞注以勞謙訓有勞非

容儀恭美曰昭盧文弨曰舊本誤昭爲勝此條在後圖克二諡之上今案正義本在昭德上前編在明德下故移補此處後勝一條則削之左氏釋文及正義並引作威儀恭明曰昭衛案穀梁昭公疏亦作恭明

孔注有儀可象行恭可美

補注如魯昭公習於威儀之節是已

聖聞周達曰昭漢書孝昭皇帝注引同盧文弨曰聞舊作文訛

孔注聖聞通洽也

補注蓋德音孔昭之義

保民耆艾曰胡獨斷左傳僖二十二年雖及胡耇疏並同

孔注六十曰耆七十曰艾

補注老而慈惠克享大年故曰胡

彌年壽考曰胡

孔注大其年也

補注詩周頌胡考之寧傳胡壽也儀禮士冠禮眉壽萬年永受胡福注胡猶遐也通志諡略曰陳胡公滿者言其老也有胡耇之稱爲胡非諡義衡案言其老正與彌年壽考合姓纂十一模胡氏帝舜之後胡公封陳子孫以諡爲氏鄭謂胡非諡義誤 欽定續通志諡略曰史記陳有胡公滿其子爲申公孫爲相公

中與相不列謚法則疑胡公非謚不爲無因然齊有胡公靜弟哀公不辰後哀既爲謚胡亦是謚矣漢陽信侯呂清懷昌侯劉延年晉都亭侯華譚梁之王汾吉士瞻皆用胡謚樵謂特胡者之稱是其疑古之過也

彊毅果敢曰剛 史記正義脫此條

孔注强於仁義致果曰毅

補注說文剛彊斷也漢棘蒲侯陳武復陽侯陳胥都昌侯朱軫並謚剛

追補前過曰剛

孔注勤善以補過

補注通鑑建武三十年廖通剛侯貫復薨胡三省注謚法能補過曰剛此直以貫復剛毅而謚之耳邈紹祖曰余按謚法自有强毅果敢曰剛胡氏何不引之乃引此句而自駁之耶

柔德考衆曰靜盧文弨曰考亦義作安非靜作靖本通用下同魏書源懷傳有柔直考終曰靖是相傳本不同也衍案獨斷考作好靜作靖

孔注成衆使安也

補注欽定續通志謚略曰古靖與靜通故謚作靖者皆即靜字晉六世靖侯宜臼三十七世靜公俱酒葢先後同謚而字異文與靚通周慎靚王即慎靖王也又或作竫秦文公賜太子謚爲竫公

恭己鮮言曰靜鮮上聲

孔注恭己正身少言而中

補注恭己不妄動鮮言不妄言晉語君其靜也注靜默也

寬樂令終曰靜樂音洛文選陶徵士誄注引謚法靜作靖

孔注性寬樂義以善自終

治而無眚曰平盧文弨曰無眚舊作清省非衡案論語皇侃疏引亦作無眚孟子晉平公疏作清省

孔注無失剛之病也

補注　欽定續通志諡略曰周十三世爲平王於是陳有平公變至簡王時宋有平公成靈王時晉有平公彪景王時有杞平公郁釐蔡平公廬楚平王居曹平公須及燕平公敬王時有齊平公驁戰國時有衛平侯晉平公則平諡周所習用鄭志以爲義不易而

削之非是

執事有制曰平

孔注不任意也盧文弨曰有法度檢制故曰不任意舊作在位乎意也訛

補注執事有制能絜矩也周語細大不踰曰平冊府元龜載云趙云別傳大將軍姜維等議以爲雲昔從先帝勞績既著經營天下遵奉法度功效可書當賜之役義貫金石忠以衛上君念其賞禮以厚下臣忘其死死者有知足以不朽生者感恩足以殞身謚法法柔賢慈惠曰順執事有班曰平克定禍亂曰平應

謚法曰順平侯

布綱治紀曰平獨斷漢書孝平皇帝注引並同盧文弨曰左昭二十二年正義治作持

孔注施之政事

補注詩何彼穠矣疏引鄭志曰德能平正天下則稱爲平

由義而濟曰景

孔注用義而成也

補注景有正大顯鑠之義周王貴謚景王

布義行剛曰景漢書霍去病傳張晏注引同

孔注以剛行義也

補注春秋考異郵曰景者强也魏書羊祉傳太常少卿元端博士劉臺龍議謚曰祉志存埋輪不避彊禦及贊戎律熊武斯裁仗節撫藩邊夷識德化沾殊俗襁負懷仁謀依謚法布德行剛曰景宜謚爲景北史羊祉傳同

淸白守節曰貞晉書楊系謚議同盧文弨曰獨斷守節作自守

孔注行淸白執志固也固當作志固執也

補注處亂而不汙其身蒙難而能正其志艱屯之會

自守斯不辱矣故曰貞周王介謚貞王

大慮克就曰貞

孔注能大慮非正而何

補注大慮克就能以正決疑也故曰貞

不隱無屈曰貞

孔注坦然無私也

猛以剛果曰威

孔注猛則少寬果敢行也

補注欽定續通志謚略曰凡桓謚或作威因後人

避諱改也者周威烈王及桓公之子威公齊威王嬰

齊楚威王商則是其本謚非因諱改

猛以彊果曰威

孔注彊甚於剛也

彊毅信正曰威盧文弨曰正義作彊義執正

孔注信正言無邪也

辟土服遠曰桓漢書霍去病傳注左傳桓公釋文穀梁桓公疏引並同

孔注以武正定

克敬勤民曰桓後漢書桓帝紀注作克敵

孔注敬以使之

辟土兼國曰桓獨斷同

孔注兼人故啟土

補注桓威武也通志謚族略曰案謚法惡謚其次莫如桓靈桓於經典並無惡義齊之桓公用能霸業周之桓王元無累行安得為惡名乎

道德純一曰思

孔注道大而德一也

補注周王叔謚思王書堯典馬注欽明文思俱用謚

法解鄭注明文二義用謚法共敬事節用謂之欽慮
深通敏謂之思則又雜取他義然以此證堯典文思
孔馬鄭三家所傳本俱是思字與謚法解同後漢書
郅壽傳注引鄭注考靈耀云道德純備謂之塞塞郎
塞思與塞聲之轉

大省兆民曰思

孔注大親民而不殺

補注塞則爲民思衣飢則爲民思食貧則爲民思富
足鰥寡孤獨則爲民思存活偷惰縱佚則爲民思教

化是皆大兆省民之事

外內思索曰思

孔注言求善也

補注外謂國內謂身索求索也

追悔前過曰思

孔注思而能改也

補注此即論語內自訟之義前追補前過曰剛剛在補字上看此思義在悔字上看

柔質受諫曰慧慧盧本作悲

孔注以虛受人

補注周王凉謚惠王粲爾雅釋言惠順也故質柔而能受諫者曰惠

能思辯衆曰元

孔注别之使各有次也

補注周王赤謚元王案元者首出之謂也能思辯衆則能知人能知人則能官人矣故曰元

行義說民曰元（說音悅漢書孝元皇帝注引同獨斷行作仁）

孔注民說其義

始建國都曰元盧文弨曰左傳昭十年正義始作好

孔注非善之長何以始之

補注爾雅元始也造端伊始立我丕基故曰元

主義行德曰元

孔注以義爲主行德政也

補注主義疑作主善注同周語衆非元后何戴晉語人之有元君韋昭注並云元善也主善行德則能長人故曰元

兵甲亟作曰莊

孔注以數征爲嚴

補注周王宅謚莊王漢避明帝諱故人表莊作嚴然

二字亦可相通故孔注以數征爲嚴非嚴何以死難

以嚴蓋之三謚義俱以嚴字相替

叡圉克服曰莊

孔注通邊圉使能服也

死於原野曰莊

孔注非嚴何以死難

補注不辱社稷不辱宗廟以身殉焉可謂莊矣

屢征殺伐曰莊
孔注以嚴敬之
補注傳曰殺敵致果以昭戎經
武而不遂曰莊
孔注武功不成
補注此乃止戈爲武之義如楚莊王是也不遂謂不
窮兵黷武也孔解非
克殺秉政曰夷
孔注秉政不任賢也

補注爽傷也滅也誅也以殺爲政慘莫大焉是故周王燮以紀侯之譖而烹齊哀侯不辰於鼎故有斯謚

安民好靜曰爽好去聲安民舊作安心史記正義同盧文弨曰左氏僖三十八年正義引作安民好靖僖十五年正義民作人

孔注不爽正也

補注爽平也論語伯夷正義夷謚又見孟子疏好名之人章案克殺秉政爲惡謚此安民好靜爲平謚

執義揚善曰懷獨斷同史記正義懷作德通鑑漢紀注引作執義行善曰德

孔注稱人之善

補注春秋時晉有懷公國陳有懷公柳爾雅釋詁懷止也止於義故執義詩周頌注懷來也能來衆譽故

揚善

慈仁短折曰懷 後漢書章德竇皇后謚恭懷注引謚法慈仁折行曰懷

孔注短未六十折未三十 注有訛說見短折不成曰殤下

補注其德在人而無大年之享故黎民懷之

夙夜警戒曰敬

孔注敬身思戒

補注周王句謚敬王詩常武既敬既戒箋敬之言警

也釋名敬警也恆自肅警也

夙夜恭事曰敬史記正義脫此條魏書于忠諡議引同左傳宣八年疏引恭事作敬事宋本作勤事昭二十二年疏引恭作共

孔注敬以法事也

補注周禮小宰廉敬注敬不解於位也

象方益平曰敬史記正義脫此條

孔注法之以常而加敬也

補注象方益平地道也地屬坤坤道主敬

合善法典曰敬合善盧本作善合

孔注非敬何以善之

述義不克曰丁

孔注不能成義

補注說文齊大公子伋謚曰玎公段玉裁曰齊世家古今人表皆云師尚父之子丁公丁公之子乙公乙公之子癸公猶之魯禽父晉燮父衛康伯宋微仲皆無謚不聞謚丁也此當云讀若齊大公子伋謚曰丁公邵瑛曰玎公今經典作丁左昭三年傳徼福於太公丁公十二年傳杜注呂伋齊大公之子丁公遹周

書謚法解述義不克曰丁迷而不克曰丁據說文當作玎梁玉繩曰通志氏族略云謚法雖始有周是時諸侯猶未能遍及齊五世後稱謚則知所謂丁公者長第之次也鄭說是杞宋曹蔡四世未稱謚衛亦五世後稱謚而宋並有丁公可驗已說文以仮謚玎非又謚法述義不克曰丁呂仮賢嗣何以褱此不斃之名乎沈濤曰謚古文左傳作玎公故許偁之猶塴湼丁家我之兆竝許書引經之例如此非必謂其字之本義也又曰丁公之丁假借作玎猶黍丙之丙假借

作尚古書往往有此衡案丁義自是諡法中所有齊
丁公之後爲乙公癸公是襲用殷法若宋丁公申之
後爲煬公閔則丁是諡法無疑且合觀全諡周一代
未用者甚多使必謚有證而後爲諡義似未免拘虛
之見魏書穆崇爲太尉又徙宜都公天賜三年薨先
是衛王儀謀逆崇預焉太祖惜其功而秘之及有司
奏諡太祖親覽諡法至述義不克曰丁太祖曰此當
矣乃諡曰丁公北史穆崇傳同又廣韻十五青丁本
自姜姓丁氏齊太公子伋諡丁公因以命族據斯二

說則丁爲謚義所有明矣

述義不悌曰丁（史記正義脫此條盧從前編改作述而不悌）

孔注不悌不遜順也

補注丁有强壯盛大義故不悌前云述義不克謂紹述前業而不克肖其父不克二字非貶辭此述義不悌亦謂能述前業而有用壯之象也

有功安民曰烈

孔注以武立功

補注烈功也周王喜謚烈王

秉德遵業曰烈後漢書光烈陰皇后紀華注引業作執又順烈梁皇后注引

孔注遵世業不墮改

補注爾雅釋詁烈業也唐書盧奕列傳天寶十四載安祿山犯東都人吏奔散奕在臺獨居爲賊所執與李澄同見害贈兵部尚書太常議謚博士獨孤及議曰謹案謚法圖國忘身曰貞秉德遵業曰烈奕執憲戎馬之間志藩王室可謂圖國國危不能拯而繼之以死可謂忘身歷官一十任言必正事必果而涉節不撓去之若始至可謂秉德先黄門以執道佐時奕

嗣之忠純可謂遵業請謚曰貞烈從之

剛克爲伐曰翼通鑑晉紀注翼作肅

孔注伐功也

補注後漢關內侯陰興謚翼

思慮深遠曰翼通鑑周紀注引載記思慮深遠曰愼

孔注好遠思任能也

補注翼有敬義故思慮深遠

剛德克就曰肅

孔注成其敬使爲終

補注春秋時趙侯語楚子臧謚肅御覽唐獨孤及謚
呂諲曰肅嚴郢駁曰國家故事宰臣之謚有二字以
彰善旌德焉夫以呂公文能無害武能禁暴貞則幹
事忠則利人盛烈宏規不可備舉傳敘八元之德曰
忠肅恭懿若以美謚擬于形容請曰忠肅及重議曰
謚法在懲惡勸善不在多字肅者威德克就之名（威德冊府元龜作盛德）
以諲之從政威能閑邪德可濟衆故以肅
易名而忠在其中矣姓氏書辨證一屋引姓源韻譜
肅氏八元仲堪謚肅後世爲氏又姓纂一屋肅氏周

文王子郕叔之後成肅公以謚爲氏

執心決斷曰肅南史徐勉傳同

孔注言嚴果也

愛民好治曰戴

孔注好民治也

補注曹八世有戴伯鮮急就章注戴氏宋戴公子文以謚爲氏

典祀不愆曰戴愆舊作悊今從前編盧本從史記正義作悊云音義並同沈濤曰觀下文愆過也則當從前編爲是愆卽悊字之假悊乃愆字之誤說文悊寒也音讀如塞與悊義異

孔注無過

死而志成曰靈

孔注立志不忝命也

補注鄭氏通志謚略謂靈非惡謚衡案周書靈謚六條俱不甚惡蓋平謚也水經洛水注周靈王蓋以王生而神故謚曰靈

亂而不損曰靈獨斷左傳文元年疏襄十三年注楚語謂爲字若腐注後漢書孝靈皇帝注引並同

孔注不能以治損亂

補注亂如禮煩則亂之亂損傷也失也左傳襄三年

君子是以知齊靈公之爲靈也注諡法亂而不損曰靈言諡應其行

極知鬼事曰靈

孔注其智能聰徹也

不勤成名曰靈

孔注任本性不見賢思齊此與不成勤名不合蓋[illegible]諡下脫去孔注此注又脫去正文遂違接而義各别矣

補注鄧立誠曰按後漢書高陽公鄭羲卒尚書奏諡曰宣詔曰羲雖宿有文業而治闕廉清依諡法博聞

多見曰文不勤成名曰靈可謚文靈衡案宋司徒岐國公陳執中謚議韓維曰謚法寵祿光大曰榮不勤成名曰靈執中出入將相以一品就第寵祿光大矣得位行政賢士大夫無述焉不勤成名矣請謚曰榮

靈

死見鬼能曰靈鬼盧本作神

孔注有鬼爲厲盧本作不爲厲

好祭鬼神曰靈

孔注敬鬼神不能遠也盧本作瀆鬼神不敬遠也

短折不成曰殤{殤同}{斷}

孔注有知而夭殤也

補注晉穆侯殤叔宋公與夷並諡殤儀禮喪服傳年十六至十九死爲長殤十二至十五爲中殤八歲至十一死爲下殤七歲以下爲無服之殤生未三月不爲殤釋名釋喪制未二十而死曰殤殤傷也可哀傷也衡案前慈仁短折曰懷孔注短未六十折未三十當在此處六十當作十六三十當作十三盖謂長殤中殤也若年未六十去下壽不遠焉得爲短洪範六

極一曰凶短折短爲上殤折爲下殤

未家短折曰殤盧文弨曰正義殤作傷不與上條相連

孔注未家者未室家也

補注此指長殤言鹽鐵論十九年已下爲殤

不顯尸國曰隱盧文弨曰左傳釋文作不尸其國

孔注以闇主國也

補注魯侯息姑諡隱公　欽定續通志諡略曰隱與偃同用故徐隱王亦稱徐偃王

隱拂不成曰隱穀梁隱公疏引同盧文弨曰春秋傳隱拂同前編作隱括獨斷又作逆拂

孔注言以隱拂改其性也

補注如魯隱公欲傳位桓公將營菟裘而卒見殺可哀痛也

中年早夭曰悼舊作年中史記正義同今從前編獨斷作中身早折曰悼

孔注年不稱志

補注周王猛謚悼王年不稱志如晉悼公是也據獨斷中年作中身蓋年未五十之謂漢書平帝傳云悼者未成爲人於其死亡可哀悼也

肆行勞祀曰悼盧文弨曰穀梁定元年疏引作肆行勞神曰煬

孔注縱於心勞於淫祀言不修德也縱於心盧本作放心

恐懼從處曰悼

孔注從處言險圮也

補注說文悼懼也陳楚謂懼曰悼晉語隱悼播越注悼懼也從當作聳左傳駟氏聳聳亦懼也

不思忘愛曰剌剌音辣

孔注忘其愛己者也

補注說文剌戾也漢燕王劉旦長沙王劉建德利昌侯劉殷當塗侯魏楊宜城侯燕安氾鄉侯何武平阿

侯王仁並謚剌又唐中書侍郎高璩卒太常博士曹琰建言璩爲相交遊醜雜謚法不思妄愛曰剌請謚爲剌案妄與忘通

愎佷遂過曰剌

孔注去諫曰愎反是曰佷

外內從亂曰荒盧文弨曰前編從作縱

孔注官不治家不理

補注書五子之歌內作色荒外作禽荒傳迷亂曰荒漢成王劉順梁王劉嘉朝陽侯劉聖什邡侯雍鉅鹿

舞陽侯樊市人建平侯杜業紅陽侯王立並謚荒

好樂怠政曰荒好去聲樂音洛漢書諸侯王表注引荒作穢

孔注淫於聲色怠於政事

在國逢難曰愍難去聲獨斷同史記正義作逢難左傳閔公釋文作遭難疏作逢難穀梁閔公疏同

孔注逢兵寇之事也

補注愍憂也痛也　欽定續通志謚略曰古愍與閔通故凡春秋謚閔者皆即愍也又與湣通史記宋閔公魯閔公皆作湣三字寔一義又南宋以後兼用憫字宋張廷堅紹興時追謚節憫遼托卜嘉道宗時謚

貞惘衡案人表宋愍公作敏公

使民折傷曰愍盧文弨曰折正義前編作悲非

孔注苛政賊害

在國連憂曰愍盧文弨曰正義前編連作遭非注仍正釋連字

孔注仍多大喪

禍亂方作曰愍

孔注國無政動長亂

蚤孤短折曰哀

孔注蚤者未知人事

補注周王去疾諡哀王

恭仁短折曰哀漢書孝哀皇帝注左傳哀公釋文穀梁哀公疏論語哀公問曰疏引並同獨斷仁作人

孔注體恭質仁功未施也

蚤孤鋪位曰幽

孔注鋪位即位而卒也

補注幼而孤露嗣位即病故曰鋪位詩江漢淮夷來鋪傳鋪病也

壅遏不通曰幽獨斷同呂覽審分篇注引遏作過誤

孔注弱損不淩也此蓋另一條注非注塞過不通也其幽諡下脫去孔注而損弱不淩又脫去正文一條與前不成勤名下注同

補注通志諡略曰幽者隱之並名也周幽王喪於犬戎之禍魯隱公卒於羽父之難皆臣子所不忍言故以幽隱命之痛惻之甚也豈有擁遏不通之義衡案以魯隱公與周幽王並舉不合易幽人貞吉幽囚也與壅遏不通義近

動祭亂常曰幽左傳宣十年疏祭作靜

孔注易神之班

補注書說命黷於祭祀時謂弗欽禮煩則亂事神則難是其義也

克威捷行曰魏

孔注有威而敏行

補注方言魏能也史記魯世家有魏公漢人表同左傳文十六年疏引世家作徵公釋文云世本作徵公漢律歷志及集解索隱引世本皆作徵公

克威悲禮曰魏

孔注雖威不逆禮也

去禮遠正曰煬正舊作衆獨斷同今從史記正義

孔注不率禮不親長

補注周穆王時魯有煬公懿王時宋有煬公並名熙

好內怠政曰煬

孔注好內多淫外則荒政此注舊在去禮遠正下注義與正文不合檢定元年正義蘇洵諡法前編俱有好內怠政一條正與此注合今從盧本而移好內遠禮一句于補遺條內

補注南史蕭機字智通位湘州刺史薨于州機美姿容善吐納家既多書博學強記然而好弄尚力遠士子邇小人為州專意聚斂無政績頻被案劾將葬有

可請謚詔曰王好內怠政宜謚曰煬

甄心動懼曰頃

孔注甄積也史記正義作精

補注周王士臣謚頃王頃與傾通危也甄猶掉也心轉掉故動而兼懼

威德剛武曰圉盧文弨曰史表六家謚剛作彊

孔注圉禦也能禦亂患也

補注漢高陵侯王虞人謚圉

聖善周聞曰宣獨斷漢書孝宣皇帝注引並同後漢書朱穆傳注引作善問周達左傳宣公釋文穀

粢宣公疏孟子齊宣王疏引並作善問周達皆與前謚聖聞周達曰昭混

孔注聞所未聞善事也

補注宣通也周王靖謚宣王

治民克盡曰使盧文弨曰舊本使作空圍案正義前編明允並作使今據補

孔注克盡無恩惠也

行見中外曰愨

孔注言表裏如一也

補注愨謹質也漢有祁穀侯繒賀史記索隱曰謚法行見中外曰穀衡案穀字誤當作愨又蘇洵嘉祐謚

法有行見中外曰敵敵字亦誤嘉祐謚法又有行見
中外曰顯通鑑周紀注亦有之胡三省謂是傳寫謚
法者遺之案此條既為愍謚何得又為顯謚傳顯謚
者亦疑有誤

勝敵壯志曰勇、

孔注不撓折

補注唐高祖時絳州總管羅士信謚勇

昭功寧民曰商

孔注明有功也

補注商章也張也藏珠玉不如富儲糧厚倉箱不如

課農桑商之爲言商也故王者以富民爲要

狀古述今曰譽

孔注立言之稱

補注博通今古名譽斯彰春秋時子産叔向晏子可

以當之

心能制義曰度

孔注制事得宜

補注左昭二十八年傳詩皇矣帝度其心傳並云心

能制儀曰度服虔曰心能制事使得其宜言善揆度

事也舊語谷義爲度

好和不爭曰安

孔注失在少斷盧文弨曰正義作生而少斷衛案俱與正文不合蓋好和不爭下失去孔注而失在少斷上又脫去正文謚法一條故兩不連接

補注周王驕謚安王

外內貞復曰白

孔注正而復始終一也

補注晉陶宏景謚貞白先生

不生其國曰聲（左傳隱元年疏引同）

孔注生於外家

補注揅經室文集曰逸周書謚法解不生其國曰聲昔人解此多誤案此乃生於母家不在本國如盧懸然然然其義猶在設字聲乃假借耳猶史記所云贅壻之義魯嬰齊謚聲伯聲伯之母不聘穆姜不以爲姒生聲伯而出之嫁於齊（左成十一年傳）然則聲伯必是隨母生長於外所以卒謚曰聲又齊侯娶魯顏懿姬無子其姪鬷聲姬生光（杜注云顏鬷皆二姬母姓）姬之謚聲亦必育于

母殿姓家之故故以母姓爲名而謚曰聲左襄十九年傳與嬰齊聲伯同例而隱公母謚聲僖公夫人聲姜齊靈母聲孟子皆同此例矣衛案衛世家聲公索隱云世本作聖公據廣韻引風俗通聖者聲也則聖聲二字可通　欽定續通志謚略曰魯聲伯之母不聘因謚爲聲然晉有聲公野鄭有聲公勝蔡有聲公產楚有聲王當衛有聲公訓列國大夫謚聲者尤多豈盡不生其國者意聲謚或兼聲問之義而周書流傳日久不無闕漏乃僅傳不生其國一義其義亦太專矣

殺戮無辜曰厲左傳襄十三年注楚語韋注若厲注呂覽審分唐于頔諡議引無辜作窮

孔注賊良善人

補注厲惡也虐也周王胡諡厲王

官人應實曰知

孔注能官人也

補注官人應實則能進賢退不肖矣故曰知古知智

通

凶年無穀曰糠糠史記正義作荒

孔注不務稼穡

補注盧文弨曰漢書諸侯王表有中山糠王昆侈則

諡法之有糠明矣師古注引好樂怠政曰糠則與前

荒之諡相同正義此糠字亦作荒案美諡中有豐年

好樂曰康此糠字之惡諡正與相反糠之爲言虛也

孔注以不務稼穡爲言可謂深得制諡之旨師古所引

或誤記耳衡案糠訓虛荒亦訓虛說見後糠虛也下

名實不爽曰質

孔注不爽言相應也

補注質信實也後諡名與實爽曰繆正與此相反漢

棘陽侯杜但諡質

不悔前過曰戾

孔注知而不改

補注漢戾太子諡戾韋昭注以違戾擅發兵故諡曰戾唐楊綰諡議漢宣不敢私於祖諡曰戾

溫良好樂曰良好去聲樂音洛案溫良當作溫柔

孔注言其行可好可樂也

補注良善也唐太宗時皇甫無逸長孫敞並諡良

怙威肆行曰醜

孔注肆意行威

補注御覽五百六十二引干寶晉紀曰何曾卒下禮官謚博士秦秀議曰曾資性驕奢不循軌則奕世以來宰臣輔相未有受詬辱之聲被有司之劾父子塵累而蒙恩貸若曾者也謹案謚法名與實爽曰繆怙威肆行曰醜曾宜謚爲繆醜魏書于忠薨太常少卿元端議曰忠剛直猛暴專戀好殺案謚法剛彊理直曰武怙威肆行曰醜宜謚武醜又三國魏志吳質先以怙威肆行謚曰醜

勤施無私曰類盧文弨曰舊作勤政前編同正義作施勤今從左氏案此兩條及下美諡當本在前不與惡諡雜廁今皆紛亂難以考而復矣

孔注無私惟義所在

補注左昭二十八年杜注施而無私物得其所無失類也正義曰勤行施惠情無偏私物皆得所是無失類也曲臺奏議五代鄂州刺史劉敬文諡類

好變動民曰躁

孔注數移徙也

補注躁擾也燥也漢書古今人表秦躁公史記索隱

作邊薛傳均曰說文無躁字當作趮喿與參偏旁古書多混用鄧立誠曰按漢書王子侯年表清河綱王子東昌趮侯成䃂是趮字衛案晉灼曰音躁疾師古曰即古躁字也功臣表有陽都趮侯丁復師古曰趮古躁字也北史獻穆十二王傳任城王世儁位尚書令輕薄好去就與和中薨謚曰躁戾案輕薄好去就與好變動民義近

慈和徧服曰順後漢書孝順皇帝注引同

孔注能使人皆服其慈和

補注左昭二十八年服注上愛下曰慈和中和也爲上而愛下行之以中和天下徧服而順之杜注唯順故天下徧服正義曰人君執慈心以惠下用和善以接物則天下徧服而從順之故爲順也

滿志多窮曰惑惑盧本作感下注云正義前編俱作惑非也感古憾字注與憾之義正合

孔注自足者必不足也

補注案後周有陳惑王宇文純盧改作感非也

危身奉上曰忠

孔注險不辭難也

補注事君能致其身故曰忠漢爗渠侯僕明諡忠

思慮果遠曰趮盧文弨曰舊本果作深前編同云趮恐當作悍正義作明訛

孔注自任多近於專

補注案趮乃追趮之義字同赳說文赳舉尾走也義與思慮果遠不合舊作深遠亦誤案思慮深遠已爲巽諡通鑑周紀注引戴記巽作慎此不得又云趮也蘇洵嘉祐諡法有意深慮遠曰趮案趮與躁同亦與意深慮遠不合舊本曰下一字空欽定續通志諡略曰曰下字各本同書俱闕史記正義作思慮果遂

日明註云自任多近於專與周書同玩注意係別釋一字係不美之諡非釋明字知史記明字亦誤明王圻諡法考引會編載有思慮深遠曰捍句與注意稍近

怠政外交曰攜盧文弨曰正義脫此條舊本攜作携前爲同今從獨斷改正

孔注不自明而恃外也

補注左昭二十六年傳攜王奸命杜預曰攜王幽王少子伯服也正義曰以本非適故稱攜王衡案紀年幽王十一年立王子余臣于攜注是爲攜王則攜王

是佘臣非伯服也且以立于攜故稱攜王亦如厲王稱汾王左傳晉翼侯鄂侯之類非謚法所謂攜也正義本非適之說不可據冊府元龜邵陵王綸爲西魏軍所敗死於汝南岳陽王詧遣迎喪葬於襄陽望楚山南贈太宰謚曰安後元帝追議加謚尚書左丞劉瑴議謚法怠政交外曰攜從之衛案邵陵攜王綸追謚事見南史梁武帝諸子列傳鄧立誠曰漢書功臣表有容臣攜侯徐盧

疏遠繼位曰紹一切經音義二十三引

孔注非其次第偶得之也

補注漢有汲紹侯公上不害

彰義揜過曰堅

孔注明義以蓋前過

補注漢有臨轅侯戚鰓諡堅

肇敏行成曰直

孔注始疾行成言不深也

補注漢王根諡直道讓公

內外賓服曰正左傳昭十年正義引正作平

孔注言以正服之

補注正治也後漢有節鄉正侯趙憙

華言無實曰夸

孔注恢誕盧文弨曰疑有脫字衡案此注舊作空方五

補注夸大也張也虛也唐沙門一切經音義卷十一引謚法華言無實曰誇也又卷十五引謚法華言無實曰誇誇相誕也謂憍恣過制自夸大也又卷十七引謚法華而無實曰誇也又卷二十三引謚法華而無實曰誇

教誨不倦曰長長上聲

孔注以道教之也

補注詩皇矣克長克君箋禮樂記克長克君注並云教誨不倦曰長左昭二十八年服注教誨人以善不懈倦言善長以道德也杜注教誨長人之道

愛民在刑曰克

孔注道之以政齊之以刑

補注克勝也能也漢有隆慮克侯周竈史表作哀侯

嗇于賜與曰愛

孔注言貪悋也

補注晉語人以其子爲客注愛吝也孟子百姓皆以王爲愛也注愛嗇也史記魏其武安侯傳豈以臣爲有愛索隱愛猶惜也皆與此義近漢成安侯郭遷諡愛

逆天虐民曰抗

孔注所尊天而逆天

補注國策宋康王射天笞地斬社稷而焚滅之剖傴者之背鍥朝涉之脛是其證也案抗讀康見後漢書班彪傳又禮明堂位崇坫康圭康卽抗

好廉自克曰節文選陶徵士誄注引謚法同冊府元龜五百九十五自克作自敕

孔注自勝其情欲也

補注漢闕氏侯馮解散謚節

擇善而從曰比

孔注比方善而從之

補注禮樂記克順克俾注擇善從之曰比服虔曰比方損益古今之宜而從之也左昭二十八年擇善而從之曰比注比方善事使相從也

好更改舊曰易漢諸侯王表江都易王非師古引謚法改作故又景十三王傳江都易王非注引亦

作故

孔注變故改常

補注周顯王時燕有易王

名與實爽曰繆繆眉救切唐許敬宗謚議引同獨斷名實過爽曰繆

孔注言名美而實傷

補注繆誤也史記蒙恬傳蒙毅曰昔者秦穆公殺三良而死罪百里奚而非其罪故立號曰繆風俗通皇覇篇繆公殺百里奚以子車氏為殉故謚曰繆據此則繆當讀如謬然繆穆實通用禮坊記陽侯殺繆侯

而竊其夫人釋文繆音穆公羊傳葬宋繆公釋文繆音穆又論衡福虛篇亦云秦穆公穆者謬亂之名衡案秦繆公之繆與蔽仁傷善義近漢書楚元王傳劉德甍賜謚繆侯師古曰繆惡謚也　欽定續通志謚略曰古繆與穆通故史記曹繆公燕繆侯秦繆公魯繆公凡作繆者皆本謚穆至唐謚封倫裴延齡爲繆乃取名與實爽之義

思慮不爽曰愿

孔注不差所思而得也

補注愿謹厚也　欽定續通志諡略曰古字愿原同故此諡周書作愿蘇洵諡法作原漢王子侯表劇侯錯山侯國柴侯代修市侯寅景成侯雍東侯山皆諡原箕侯文謚愿顔師古曰愿音願又音原蓋漢時兩字通用

貞心大度曰匡獨斷同

孔注心正而用察少

補注爾雅釋音匡正也案匡亦包有廓大義在故貞心大度曰匡周王班諡匡王

施德爲文盧本作施爲文也今從史記正義文此條上舊有隱哀也三字今移在和會也上

除惡爲武盧本作除爲武也今從史記正義文此條下有除惡二字注案正義自隱哀也以下俱無注今刪

辟地爲襄

服遠爲桓

剛克爲發史記正義發作僖而無柔克厭正有過三句

柔克爲懿

厭正爲莊

有過爲僖

施而不成爲宣

惪無內德爲猷猷盧本作乎

孔注無內德惪不成也

治而生眚爲乎

亂而不損爲靈

由義而濟爲景

補注自施德爲文以下十三條疑非周書所有故多重複或出大戴或出世本或出劉熙均未可知蓋後人掇拾附之久而遂不復辨也

失志無轉則以其明餘皆象也盧文弨曰前編失志無轉一作失志無傳正義無失

志以下入字

孔注以其明所及爲謚象謂象其行事也盧本作以其所爲謚

象其行事也史記正義條注案以其明所及爲謚者明如白虎通曰未出而明之明生而有號死則以其餘光所及定爲美謚或曰明當作名所謂大行受大名細行受細名是也

補注此條當緊接貞心大度曰匡下葢總結上文之

辭

隱哀也舊作隱哀之也盧本從前編作隱哀之方又多景武之方也一句今從史記正義舊在貞心大度曰匡下今移在此

補注以下俱釋篇內字義隱哀聲之轉廣雅釋詁隱

哀也㥷與隱通此釋不顯尸國曰隱隱拂不成曰隱

之義

和會也

補注此旁釋好和不爭正德應和慈和徧服之義

勤勞也

補注爾雅釋詁勤勞也汲書景十三王傳泗水戴王

憲立殹是爲勤王師古曰勤謚也此旁釋學勤好問

克敬勤民不勤成名勤施無私之義

遵循也

補注爾雅釋詁遵循也此旁釋秉德遵業之義

爽傷也

補注廣雅釋詁爽傷也此旁釋純行不爽名與實爽思厚不爽之義

肇始也

補注爾雅釋詁肇始也此旁釋協時肇享肇敏行成之義

乂治也史記正義無

補注爾雅釋詁乂治也此字周書無益傳謚法者失

之

康安也史記正義無

補注爾雅釋詁康安也此釋豐年好樂曰康安樂撫民曰康令民安樂曰康之義

怙恃也

補注爾雅釋言怙恃也此旁釋怙威肆行之義

享祀也

補注爾雅釋言享祀也此旁釋協時肇享之義

胡大也

補注廣雅釋詁胡大也此釋保民耆艾曰胡𦎫年壽考曰胡之義

服敗也史記正義無

補注此旁釋刑民克服辟土服遠叡圉克服慈和徧服內外賓服之義盧文弨曰疑是伏也衡案服當作伐春秋說題辭伐者涉人國內行威有所斬壞伐之爲言敗也篇中有伐而還屢征殺伐剛克爲伐凡三見

秉順也盧文弨曰秉舊作康案康安也已見前今從正義

補注此旁釋秉德不回克毅秉政秉德遵業之義

就會也

補注就之爲言成也會如周禮歲會之會此旁釋資
輔供就大慮克就剛德克就之義

懋過也

補注懋與愆同說文十篇愆過也此旁釋典禮不懋
之義

錫與也

補注爾雅釋詁錫與也此旁釋錫民爵位之義

典常也

補注爾雅釋詁典常也此旁釋合善法典典禮不僭之義

肆放也

補注左昭二十三年伯父若肆大惠注肆展放也此旁釋肆行勞祀怙威肆行之義

穅虛也穅史記正義作康

補注廣雅穅謂之稭粲[illegible]通作漮爾雅釋詁漮虛也說文漮水虛也穅又通作康小雅賓之初筵酌彼康

筒穀梁襄二十四年傳四穀不生謂之康皆謂虛也又通作荒大雅召旻云我居圉卒荒鄭箋荒虛也又通作㝩㱂方言㝩空也郭注㝩㝗空貌㝩或作㱂虛也此釋凶年無穀曰穅之義

叡聖也

補注叡與睿同書洪範思曰睿睿作聖廣雅釋言睿聖也此旁釋咸遺叡德聰明叡哲叡圉克服之義

惠愛也

補注書皐陶謨安民則惠傳詩北風惠而好我傳並

云惠愛也此釋柔質慈民曰惠愛民好與曰惠之義

綏安也

補注爾雅釋詁綏安也此解無綏字知篇内多有缺

落今不可考矣

堅長也

補注廣雅釋詁堅長也此釋彰義掩過曰堅之義

耆彊也

補注廣雅釋詁耆彊也此旁釋保民耆艾之義案史

記正義耆意大慮下注正用此義

卷十四

考成也

補注爾雅釋詁考成也此釋大慮行節曰考之義

周至也

補注廣雅釋詁周至也此旁釋聖聞周達聖善周聞之義

懷思也

補注爾雅釋詁懷思也此釋執義揚善曰懷慈仁短折曰懷之義

式法也

補注廣雅釋詁式法也式字亦不見此解

敏疾也

補注說文敏疾也此旁釋敏以敬慎肇敏行成之義

捷克也史記正義無

補注左莊八年傳捷吾以女爲夫人注捷克也衛世家有疌伯世表作疌類篇作疌謚即捷也索隱引世本作摯人表及衛詩譜引史作建並誤此旁釋克威捷行之義

載事也

補注小爾雅廣詁載事也案周書無載字載當作戴釋名戴載也二字通用

彌久也

補注小爾雅釋詁彌久也此旁釋彌年壽考之義○案史記正義全寫周書謚法其爲今本所不載者盧本悉補於周書篇内然序列未必盡合周書之舊茲特補於篇末而獨斷及兩漢史注等書所錄不見於周書者亦依次采入其錄及左公穀正義與論語正義者以注經所用當用古謚法也

忠信接禮曰文左傳文公釋文

綏柔士民曰德史記正義

安民以居安士以事史記正義

忠和純淑曰德後漢書明德馬皇后注

因事有功曰襄左傳襄公釋文。襄公疏。穀梁襄公疏。孟子梁襄王疏

小心畏忌曰僖獨斷。史記正義。左傳隱五年疏。僖公釋文。穀梁僖公疏

思所當忌史記正義

有功安人曰憙後漢書和憙鄧皇后注

知質有聖曰獻史記正義。左傳昭公二十二年疏

有所遁而無蔽 史記正義

溫柔好樂曰康 史記正義

聲聞宣遠曰昭 獨斷

耆意大慮曰景 史記正義

耆強也 史記正義

致志大圖曰景 獨斷

內外用情曰貞 左傳[illegible]疏。檀弓貞惠文子疏

克敵服遠曰桓 後漢書孝桓皇帝注

謀慮不愆曰思 後漢書安思閻皇后注

柔質慈民曰惠 史記正義○漢書孝惠皇帝注

知其性 史記正義案注與正文不合疑有脫誤

愛民好與曰惠 獨斷○史記正義○左傳隱元年疏○檀弓貞惠文子疏○孟子梁惠王疏

與謂施 史記正義

勝敵志強曰莊 史記正義

不撓故勝 史記正義

好勇致力曰莊 獨斷

勝敵克壯曰莊 左傳莊公疏○穀梁莊公疏○左傳莊公釋文壯作亂

夙興夜寐曰敬 獨斷

見美堅長曰隱 史記正義

美過其令 史記正義

暴戾無親曰刺 漢書武五子傳注

好內遠禮曰煬 史記正義

朋淫於家不奉禮 史記正義

祗動追懼曰頃 左昭八年疏

寬容和平曰安 後漢書孝安皇帝注

暴虐無親曰厲 獨斷案此與暴戾無親曰刺同

忠正無邪曰質 後漢書孝質皇帝注

慈仁和民曰順獨斷

柔賢慈惠曰順冊府元龜載雲別傳姜維議引謚法

蔽仁傷善曰繆漢書景十三王傳廣川繆王齊注○以上諸謚所用字俱見周書

賞慶刑威曰君史記正義○以下諸謚所用字周書不載

能行四者史記正義

從之成羣曰君史記正義

民從之史記正義

治典不殺曰祁史記正義○盧文弨曰獨斷作斯一作震左氏莊六年正義引經典不易曰祁

秉常不衺史記正義

正德應和曰莫 史記正義

正其德應其和 史記正義

翼善傳聖曰堯 白虎通引禮記諡法。獨斷。史記集解。論語堯曰疏

仁聖盛明曰舜 白虎通引禮記諡法。獨斷。史記集解。論語堯曰疏引作仁義中庸疏同

受禪成功曰禹 史記集解。中庸其斯以爲舜乎疏引受禪成功曰舜。姓纂九虞引風俗通禹氏夏禹之後以謚爲氏

除殘去虐曰湯 史記集解。史記正義。白虎通湯死後稱成湯以兩言爲謚也。廣韻十一唐湯氏殷湯之後以謚爲氏

賊人多殺曰桀 史記集解。獨斷作殘人多壘

殘義損善曰紂 獨斷。史記集解

善行不怠曰敎 史記王子侯年表齊樂敎侯劉光索隱引謚法

能紹前業曰光 漢書光武皇帝注

溫克令儀曰章 漢書孝章皇帝注

不剛不柔曰和 漢書孝和皇帝注

正德美容曰和 漢書孝和皇帝注

幼少在位曰沖 司馬彪曰沖幼早夭故謚曰沖

景武也 史記正義

布施也 史記正義

按春秋時周有顯王赧王鄭有繻公此繻公是幽公之弟非成公庶兄繻宋有休公辟公陳有中公相公利公蔡曹俱有宮伯燕有鄭公晉衛溱杞俱有出公俱諡所未載又漢所用諡如膠西于王之子清河綱王之綱周呂令武侯呂澤之令也索隱曰周呂國也令武諡也酇侯蕭何安國王旂秩陵侯劉纏什邡侯雍桓之終高宛侯丙猜鄃成侯周緤之制衍侯翟山褭侯陳錯之祗祁穀侯繒賀之穀索隱曰諡法行見中外曰穀邔侯黃榮盛之慶廣陵侯劉裘之戾史表作常侯劉嵩案常亦諡法所不載定敷侯劉越柳敷侯劉罷之敷

索隱曰敫諡也說文云敫讀如躍牧邱恬侯石慶之恬常樂侯稠雕之肥邯會侯劉仁換術侯劉昆景之衍都昌侯朱充之昌成安侯郭賞之刻賞子郭長之鄖王莽妻孝睦之睦舞陽侯岑彭溧陽侯史崇之壯夷安侯鄧康之義以上漢所用字當亦古諡法所傳又史記老子列傳姓李氏名耳字伯陽諡曰聃又姓氏急就篇寧公秦襄公曾孫諡寧公支庶因以爲氏又一切經音義卷二引諡法溫故知新曰師尊嚴能憚曰師卷四引諡法貴貴親賢曰仁殺身成人曰仁卷十三引諡法

賊人多累曰桀劉熙曰多以惡逆累賢人也卷十五引謚法陽詐也卷二十三引謚法賤而得愛曰嬖通鑑建光元年嬖幸充庭胡三省注謚法賤而得愛曰嬖卷二十三二十四引謚法知死不避曰勇縣命爲仁曰勇又鄧名世姓氏書辨證七之引姓苑慈氏出自高陽氏才子八人其一倉舒謚慈後世以爲氏又一先引姓源韻譜淵氏出自高陽氏才子八人其一謚淵後世以爲氏

逸周書卷十四終

逸周書卷十五

孔氏無注　　江都陳逢衡補注

明堂解第五十五

江師韓曰僭用天子禮樂者自僭也而托於成王之賜先儒多有辨者若周公踐天子位此斷斷必無之事然記有明堂位史有魯世家望溪方氏作周官辨於明堂位一篇斷爲王莽劉歆所僞竄而特疑其文不知何爲而作蓋無他書作證也余竊嘗得其證於周書之明堂解其曰未能踐天子之位猶曰未踐明

堂之位以聽政耳時成王年十五歲攝政者行君之政令故曰君天下而不曰天下君逮弭亂六年成王年已二十能行天子政令矣於是乃會方國諸侯而朝之共曰天子之位者天子即成王也位即成王之位也率公卿士侍於左右誰率之乎乃周公率而侍於成王之左右即王會解所云周公在左太公在右旁天子而立於堂上者也周公建焉建此堂耳明堂明諸侯之尊卑而謂周公欲以諸侯而居天子之位乎至七年致政則凡政無不自成王出者蓋在六年

猶不離乎周公也其文義顯明若此明堂位乃刪去之位二字而曰天子負斧依似天子即指周公且移其解之後文于前改明爲朝而曰朝諸侯于明堂之位改宗周爲周公而曰此周公明堂之位也刪去故周公踐爲五字而增損其文曰周公踐天子之位以治天下六年朝諸侯于明堂制禮作樂頒度量而天下大服要而論之明堂解乃自古方策所流傳而晉後人述之以著周公之勳勞其自成王以周公有勳勞於天下以下則晉人僭亂而增益之詞然晉但以

禮樂賜自成王未嘗以踐阼誣周公也故其文頗稱天子而曰天下傳之久矣又曰天下以爲有道之國蓋詞隱而指微焉不幸爲莽歆顛倒而又竄易史記以證之莽歆之禍不更烈于焚書也哉

大維商紂㮚虐脯鬼侯以享諸侯天下患之四海兆民欣戴文武

補注鬼侯商諸侯紂殺而脯之以禮諸侯于廟事見呂氏行論篇鬼侯卽九侯史本紀九侯有女入于紂女不好淫紂怒殺之並脯九侯

是以周公相武王以伐紂夷定天下既克紂六年而武王崩成王嗣未能踐天子之位周公攝政君天下弭亂六年而天下大治相去聲

補注夷平也武王卽天子位六年而崩與竹書紀年合武王崩成王嗣嗣繼也謂繼武王爲天子也是時成王年十三故未能踐天子之位言未能聽政也史記魯世家禮明堂位文王世子荀子儒效韓子難二淮南子齊俗氾論韓詩外傳卷三卷七卷八竝有周公踐阼之說案踐者立也阼者東階也王會解云周

公在左左東也即阼也此殆如後世宰相領班而乃誣以身爲天子過矣今據此解言攝政可與紀年成王元年命周文公冢百官參看此乃三代諒闇之制冢宰掌邦治之職其曰君天下者蓋謂君理天下非謂爲天下君也亂謂殷亂即指武庚奄人徐人淮夷之叛

乃會方國諸侯于宗周大朝諸侯明堂之位

補注方國四方諸侯之國宗周鎬京也明堂之制具見大戴盛德小戴月令明堂位周禮考工等書

天子之位負斧依南面立率公卿士侍于左右

補注天子成王也禮明堂位鄭注謂是周公誤負背也斧依爲斧文屏風于戶牖間爾雅釋宮戶牖之間謂之扆扆卽依依斧亦作黼其繡用斧故謂之斧蓋取其有斷也皇氏云斧依在明堂太室中央戶牖間南面者荅陽也是時成王負斧依南面立其率公卿士侍于左右者則周公也

三公之位中階之前北面東上諸侯之位阼階之東西面北上諸伯之位西階之西東面北上諸子之位門內之東

北面東上諸男之位門內之西北面東上

補注禮明堂位正義曰此明朝位之法中階者南面三階故稱中周公已居天子位餘有二公而云三公者舉國本數衡案此來朝之公當如虞公宋公之類指外諸侯之爲公者猶周禮言諸公也此三公三字似不必泥至謂周公已居天子尤妄

九夷之國東門之外西面北上八蠻之國南門之外北面東上六戎之國西門之外東面南上五狄之國北門之外南面東上

補注四裔來朝義固取面天子也故四門之外隨其所面而皆以右爲尊

四塞九采之國世告至者應門之外北面東上

補注案禮明堂位九采之國應門之外北面東上三句緊接諸男之國門西北面東上句下而四塞世告至五字則在九夷八蠻六戎五狄後與此不同鄭康成曰九采九州之牧典貢職者也正門謂之應門二伯率諸侯而入牧居外而糾察之也四塞謂夷服鎮服蕃服在四方爲蔽塞者新君卽位乃朝正義曰正

門謂之應門者以明堂無重門非路門外之應門李巡云宮中南鄉大門應門也衡案明堂亦當有重門故南門之外有八蠻而應門之外又有九采若云但有應門豈八蠻九采同位而朝乎四塞九采謂極遠之國四塞猶四極日出日沒之所也言自此以外則非人力所通矣故曰四塞采事也言雖在要荒亦供王事世告至者即周禮蕃國世一見是也

宗周明堂之位也明堂明諸侯之尊卑也故周公建焉而明盧本改作朝諸侯于明堂之位制禮作樂頒度量而天下大

服萬國各致其方賄七年致政于成王

補注制禮作樂如周禮儀禮所載是已度丈尺量斗斛也方賄器貢服貢物貢嬪貢之類成王時千七百七十三國言萬國者誇大之辭致政復政也竹書紀年成王七年周公復政于成王

嘗麥解第五十六

此成王四年事也沖幼委裘變生骨肉故于免喪朝廟之後踵行夏礿之禮因命大正正刑書以儆厥後篇中引蚩尤以寓紂虐引武觀以寓三叔則戎衣一

卷十五　六

著破斧三年皆非得已故明刑即以弼教而勿畏多
寵九十九宗三致意焉蓋深有戒于鴟鴞之變也

維四年孟夏王初祈禱于宗廟乃嘗麥于太祖

補注孟夏夏令之四月宗廟武王廟案紀年成王四年初朝于廟在正月嘗麥在四月蓋踵行夏祠之禮而薦新太廟也董仲舒曰祠者以四月食麥御覽八百三十八引作王初祈禱于岱宗乃嘗麥于廟誤案王于是年初免喪而淮姑商奄猶作不靖焉得舉巡狩之典至岱宗而祈禱乎管子輕重己曰以春日至

始數九十二日謂之夏至而麥熟天子祀于太宗其盛以麥麥者穀之始也宗者族之始也據此則御覽岱宗盖以管子祀于太宗而誤不知祈禱于廟是一事祀于太宗以嘗麥文一事太宗猶太祖也故曰族之始太祖后稷廟禮月令孟夏農乃登麥天子乃以彘嘗麥先薦寢廟

是月王命大正正刑書

補注書冏命大正是太僕正此大正是刑官惠氏禮說曰大正者大司寇凡秋官皆曰正衡案廣雅刑正

也此大正非蘇公即康叔正刑書定律也

爽明僕告既駕少祝導王亞祝迎王降階即假于太宗少宗少祕于社各牡羊一牡豕三

補注僕馭僕也周禮小祝掌小祭祀將祀候禳禱祠之事少祝即小祝亞祝則又次于小祝者假與徦通惠士奇曰大宗少宗即大宗伯少宗伯也少祕疑即小史梁玉繩曰太宗顧命有之衛案少祕祕祝之官見史記漢文帝紀應劭曰國家諱之故曰祕蓋祝史以神道設教故曰祕祝祕密也神也古者刑人于社

今將正刑書故假于社張惠言曰太宗太祖廟少宗小祖廟少祕閟宮姜嫄廟也此與篇中大宗少宗爲宗伯者不同羊豕少牢也羊一豕三春嘗麥以餁故加二豕俎不與常禮同

史導王于北階王陟階在東序乃命太史尚大正即居于户西南向九州之伯咸進之字從盧本補在中西向宰乃承王中升自客階作筴執筴從中惠氏禮說以執筴從中三字斷句誤宰坐尊中于大正之前太祝以王命作筴筴告太宗太宗玉海引作宗正王命□□祕作筴許諸乃北向繇書于兩楹之間

補注北階北堂之階也房中半以北曰北堂有北階大射儀工人士與梓人升下自北階位在北堂下則北堂有階也陟升也堂之東西牆謂之序東序房中近東牆處也乃命太史侑大正侑上也以大正將正刑書故特侑之即執也居位也戶西南向者奧也室中西南隅謂之奧祭祀及尊者常處焉是時祕祝用祈禱以神明其事故命大正即居于是九州侯伯位于中階之東故在中西向宰宰夫承奉也宰乃承王中升謂奉王升自中堂盞前此王在東序今則立于

兩柱之間以出命也客階西階筴箭書也自客階作筴謂宰由西階作筒以命大正也執筴從中從由也謂宰復以所作筴進于王也宰坐尊中于大正之前者坐止也是時大正在戶西南向故特止尊中于其前禮曰唯君面尊蓋以殊禮隆之案君燕臣列尊于東楹之西兩君敵體尊在兩楹之間今坐尊中于大正之前者變禮也太祝以王命作筴此所作筴乃祈禱之文筴告太宗蓋以正刑書事卜于神而因宗伯以禱也祕作筴許諾則告于神而神聽矣空方疑是

太史二字下文挾刑書升授大正是太史則此時北而繇書于兩楹之間亦即太史無疑繇致也書刑書也無字曰篆有字曰書楹柱也堂之上東西有楹兩楹之間謂堂東西之中也張惠言曰此當在太祖廟堂嘗烝用薦禮在寢由寢出故升北階牧伯等則自門入太史尙大正者太史以王命命大正升周官士師受中鄭注中獄訟之成衡案秋官鄉士獄訟成士師受中注謂受獄訟之成也鄭司農云中者刑罰之中也張氏引此蓋以武庚作中獄訟之成以解此處中字似誤罪辭告於諸侯在中在祭也就堂下視之畢乃奉中

升而作筴執筴者太祝也尊當爲奠筴告太宗者以正刑書之意告太祖也下句當是王命告少祝告少祝則告少宗可知也繇用也用書作筴也王若曰以下正刑書之辭大正所先作者非此告太宗之筴

王若曰宗揜大正告天之初□作二后乃設建典命赤帝分正二卿命蚩尤于宇少昊以臨西方（西舊作四）司□□上天未成之慶（空方楊愼本作明明衡案司明明當作以明二字）

補注王若曰以下乃申明作刑書之意或以此卽刑書之辭非也案刑書卽九刑今亡覩下文筴刑書九

篇則非此可知宗即下文九宗揜通作掩同也王將以作刑書之意宣布同族故特呼宗與大正而告之二后天皇地皇也赤帝炎帝神農氏也分正二卿如周召分陝之謂少昊主西東方則黃帝氏之先主之命蚩尤于宇少昊于往也宇訓隸其下以佐之此蚩尤與神農同時非榆罔時作亂之蚩尤

蚩尤乃逐帝爭于涿鹿之河九隅無遺

補注神農氏衰帝榆罔之世諸侯相侵伐而蚩尤最爲暴爰逐帝而居于涿鹿帝訓榆罔處文朔日河當

作阿梁處素曰史記五帝紀注涿鹿山名阪泉地名一名黃帝泉至涿鹿與涿水合葢所謂涿鹿之河河字似不誤衡案梁說可據九隅九方也無遺言受其荼毒靡有孑遺也史記序阪泉之戰曰與炎帝叙涿鹿之戰曰與蚩尤其實止一戰葢蚩尤亦僭號炎帝而阪泉與涿鹿連接非二地也

赤帝大懾乃說于黃帝執蚩尤殺之于中冀以甲兵釋怒用大正順天思序紀于大帝盧文弨曰舊校大帝疑作太常用名之曰絕轡之野

補注赤帝榆罔也偪懼也史記蚩尤作亂不用帝命于是黃帝乃徵師諸侯與蚩尤戰于涿鹿之野遂禽殺蚩尤而諸侯咸尊軒轅爲天子中冀卽冀州之野見山海經郭注冀州中土也故曰中冀用大正者大刑用甲兵也黃帝以土繼火順五行之序于天故曰順天思序紀于大帝謂昭告于天絕轡之野一曰凶黎之邱此段暗指商紂暴虐武王伐罪弔民之事言我周之所以大正于商者亦奉天罰如黃帝故事非有貪也

乃命少昊淸司馬鳥師以正五帝之官故名曰質天用大成至于今不亂

補注前主西方之少昊當炎帝神農時此少昊乃其後裔當榆罔之世淸其名也爰以封于西故得以兵扼蚩尤之西路使不能逞及黃帝滅蚩尤遂命爲司馬司馬掌兵亦刑官也以有鳳鳥之瑞故又爲鳥師而鳥名五帝之官水火木金土也左昭二十九年傳蔡墨曰少昊有四叔曰重曰脩曰該曰熙實能金木及水世不失職據此則金木水三官少昊氏一家掌

之而火則祝融氏掌之土則句龍氏掌之正謂順其序則五行治也故名曰質黃帝賜名也天用大成則天下一治矣故至于今不亂張惠言曰質摯古通左氏少昊摯之立也爲鳥師而鳥名蓋少昊本名淸以能正五帝之官故改名質質正也案史記帝摯爲嚳子不當黃帝時竹書紀年帝摯少昊氏在黃帝後與此合

其在啟之五子（啟舊作殷盧文弨曰殷當作夏衡案殷乃啟之訛今改正）忘伯禹之命假國無正用胥興作亂遂凶厥國皇天哀禹賜以彭壽思

補注五子啟之庶子五觀也案于有扈故國語士亹對楚莊以啟有五觀與堯有丹朱舜有商均湯有太甲文王有管蔡並號姦子而昭元年左傳趙孟亦曰夏有觀扈也韋昭注以太康昆弟當五觀又引書序太康失國昆弟五人須于洛汭以明觀卽洛汭之地並誤案五觀爲啟庶子而太康與作歌之五子乃嫡子爲同母弟故書曰厥弟五人御其母以從其母者五子之母亦卽太康之母也厥弟者太康之弟也則

是作歌之五子爲啟賢子而五觀爲啟姦子一曰武觀據竹書帝啟十一年放王季子武觀于西河十五年武觀以西河叛彭伯壽帥師征西河武觀來歸則五觀爲姦子爲庶子益信蓋啟能承敬禹之道故傳位于嫡武觀以庶子不得承大統故黨于扈以禹不傳賢爲非又復謗啟曰啟乃淫溢康樂野于飲食將將銘筦磬以力湛濁于酒渝食于野萬舞翼翼章聞于天天用弗式說具载墨子非樂上蓋以鈞臺之享天穆之舞有扈之戰均爲啟不德之事而誣以淫溢

豈非忘伯禹傳子之命乎而謂即作歌之五賢子誤
矣然且武觀是一人作歌是五人彼忘伯禹之命者
又焉得有明明我祖一語出自其口乎漢書古今人
表遂謂啟子昆弟五人號五觀不知武觀據邑以叛
必非須于洛汭之栖栖者而路史乃云后啟五庶俱
封于觀是爲五觀夫古未有五人合封一國者假國
無正正政也國指西河用胥與作亂指武觀遂凶厥
國謂滅亡也彭壽祝融之後陸終第三子彭鏗之裔
彭大彭壽名忠正夏畧謂以武定亂而姒氏一治按

成王時三叔忘文考之命而叛周亦猶五子忘伯禹之命而作亂故借往事以寓之皇天哀禹賜以彭壽則叔且之槩亂後先如一轍焉

今予小子聞有古遺訓予亦述朕文考之言不易予用皇威不忘祗天之明典令底我大治（底字盧本作空方今從楊本）用我九宗正州伯教告于我相去在大國有殷之多辟（多字盧本作空方今從楊本）自其作虐于古（虐字盧本作空方今從楊本）是威厥邑無類于冀州嘉我小國（舊小國下仍衍小國二字今刪）其命予克長王國（長上舊王國二字舊刪今改正）

補注聞古遺訓即指上二事三叔之亂與啟五子同

三叔者文考之子也故成王自謂述朕文考之言以

儆之不易不變易也皇大也威武也予用皇威則東

征之事出自成王命非周公專擅益信不忘祗天之

明典令祗敬也典令大經大法所在故管叔蔡霍叔

因蔡叔降而罰無可貸三叔皆同姓故又呼九宗正

以及牧伯而欲其教告于我也九宗九族也正長也

漢百官表有宗正應劭曰彤伯入爲宗正相在大國

相視也大國謂殷有殷之多辟指紂與武庚辟如辟

則爲天下戮之辟自其作虐于古謂其得罪於古先哲王實尊由自作也是威厥邑威卽予用皇威之威厥邑朝歌也無類于冀州蓋警惕殷頑之語恐其復有不靖則當殄滅之無遺育無俾易種于茲新邑矣無類猶云無遺類也古者指天下爲冀州嘉我小國周自謂猶云小邦周也其命予克長王國與立政以長我王國同當如弼我丕基之義

嗚呼敬之哉如木既顚厥巢其猶有枝葉句作休句爾弗敬恤爾句埶以屏句惠氏棟說以爾埶以屏助予一人爲句誤助予一人集天

之顯句 亦爾子孫其能常憂恤乃事句 勿畏多寵無愛乃嚚亦無或刑于鰥寡非罪句 惠乃其常無别于民

補注此申儆之辭故發歎而勖之以敬也如木旣顛厥櫱寓前此三叔之亂其猶有枝葉寓後此綢繆靡戶不可不謹也休美也執拘也屏除也言爾同異姓有弗敬恤乃事者則司刑將執以屏除之以助予一人集天之顯集成也顯明也卽所謂明典令也亦爾子孫其能常憂恤乃事則世世勿替矣勿畏多寵法有必伸也口不道忠信之言爲嚚無愛乃嚚則犯法

者必少亦無或刑于鰥寡非罪則煢獨固所當恤而無辜尤所當愍惠乃其常無別于民則爲殷民爲周民總視如一體矣李兆洛曰惠順也順汝所常供之職別絕也毋自絕于民

衆臣咸興受大正書乃降太史筴刑書九篇以升授大正乃左還自兩柱之間盧文弨曰左沈疑右

補注衆臣九宗及州伯也咸興者前此拜聽王命至語畢而咸起也受大正書書卽刑書乃降者衆臣也筴挾也刑書九篇卽所謂九刑也左文十八年傳先

君周公制周禮曰則以觀德德以處事事以度功功
以食民作誓命曰毀則爲賊掩則爲藏竊賄爲盜盜
器爲姦主藏之名賴姦之用爲大凶德有常無赦在
九刑不忘注誓命以下皆九刑之書九刑之書今亡
又左昭六年傳三月鄭人鑄刑書叔向貽子產書曰
夏有亂政而作禹刑商有亂政而作湯刑周有亂政
而作九刑注謂禹以有苗之亂作禹刑湯以桀之亂
作湯刑周以三叔之亂作九刑也是時大正仍居在
戸西南故太史筴刑書以升授之兩柱之間卽兩楹

之間盜由兩楹之間升於戶西以書授大正而復左還至此也

布箴布字盧本空方今從楊本大正曰欽之哉諸正敬功爾句惠氏禮說以諸正敬功爲句頌爾三節無思民因順爾臨獄無頗正刑有掇大循乃德大舊作大訛式監不遠以有此人保寧爾國克戒爾服世世是其不殆維公咸若太史乃降大正坐舉書乃中降張惠言曰乃當作及再拜稽首王命大正升拜于上大下舊衍史字張惠言曰史字疑衍今刪王則退

補注布如露布之布布箴猶懸書也布箴大正者蓋

謂太史左還自兩楹之間述王命箴大正以及諸正也據下文有太史乃降語則此爲太史箴大正無疑諸正大正之屬敬功爾即敬爾由獄之意須通作訟三節三刺三宥三赦也無思民因反辭也訟必有因言聽訟者能無思民因乎順爾臨獄無頗謂不偏也掇拾也正刑有掇謂掇取前事以斷今也刑有定者正之以律刑無定者掇之以例重典中典輕典比而驗之拾取他事而證之則刑無不正矣循遵也式監不遠指甘九五子之事蓋以戒侯國也以有此人人

謂陷獄無賴之人保寧爾國則無滅亡之禍矣克能也戒飭也服職也殆危也公正也若順也太史遞箴已畢於是自兩楹而降大正坐舉書書刑書也乃中降者謂由戶西從中執筴而降也再拜稽首大正謝王命也故王命太正升拜于上以成禮而退上堂上也于是作刑書事畢.

是月士師乃命太宗序于天時祠大暑乃命少宗祠風雨百享士師用受其職以爲之資邑.

補注張惠言曰爲正刑書故士師命祭大宗大宗伯

小宗少宗伯衡柒此因作刑書而用祈禱之事且因

偏告國中也士師司寇之屬序于天時正時令也是

月爲孟夏四月故祠大暑而上雩以祀風雨益先時

祈至也周禮中春逆暑是常行之禮此祠大暑及風

雨是特舉之禮風雨風師雨師也百享從祀風雨之

百神周禮大宗伯以槱燎祀飌師雨師裁鬻也謂祭

肉也士師用受其胾以爲之資邑者邑謂城邑資通

作齋謂士師遍以此祭肉齎于遂大夫縣大夫之屬

乃命百姓遂享于富無思民疾供百享歸祭閭率里君以

爲之資野

補注此命百姓亦上師也遂享于富祭則受福也無思民疾言能無思疾苦之事而爲之祈禱乎百享百物之祭也歸讀如歸豚之歸歸祭閭率里皆社也閭里門也周禮地官五家爲比五比爲閭閭侶也二十五家相羣侶也里居也地官遂人五家爲鄰五鄰爲里亦二十五家許慎曰周禮二十五家爲社率讀若遂與術通謂祭行也蓋坊肆鄉表畷之類君以爲之資野者爾雅邑外謂之郊郊外謂之牧牧外謂之野

凡非田廬舍山川溝洫之處皆野也君主也此所謂

君蓋指鄉大夫言資野則侯伯亞旅均受其賜矣

宰乃命家邑縣都祠于太祠乃風雨也宰用受其職載以爲之資采

補注宰宰夫家邑縣都王子弟及卿大夫之食邑太祠猶上祠古有上祠中祠下祠三等祠風雨在家邑縣都爲太祠在王國則爲中祠職載謂牛羊魚豕之類各有等級也家邑縣都皆采地故曰以爲之資采

召乃命天御豐穡享祠爲施大夫以爲資箴大史乃藏之

于盟府以爲歲典

補注天御御廩也豐稽美穀也享祠爲施蓋取天御之美穀以祀先代爲施者漢郊祀志荆巫祀堂下巫先司命施廩之屬師古曰施廩其先常施設廩饗者也大夫以爲資箴勸有家也於是通國皆知有作刑書一事太史乃藏之盟府以爲掌故故曰歲典是爲嘗麥之禮

逸周書卷十五終

逸周書卷十六

孔氏無注　　江都陳逢衡補注

本典解第五十七

此成王寶周公之言以爲典也明德政教字民禮樂

王以是問故公以是告

維四月既生魄王在東宮召公告周公曰嗚呼朕聞武考不知乃問不得乃學俾資不肖永無惑矣今朕不知明德所則政教所行字民之道禮樂所生非不念不知不知舊作而知據大戒解當作不知故問伯父文選左思魏都賦李善注引周書成王曰朕不知字民之道敬問伯父又

沈約齊故安陸昭王碑李善注引同据此則故問故字當作敬說文侻胡囧切引逸周書以侻伯父侻與問音近然彼引與朕實不明連接而此篇止敬問伯父囧字其朕實不明乃大戒篇語蓋未知誰脫矣

補注東宮成王所居王在東宮蓋猶在七年保傅之内召如君命召之召公周公也盧本衍召公二字似以召公爲召公奭矣失之不知乃問不得乃學此武王作聖之基不肖成王自謂言資武考之問學庶可以無惑明德所則脩身之事政教所行治平之事字民之道撫惠百姓之事禮樂所生制治太平之事非不念不知言於此四端非不求索實由不知故必咨

訓迪乃有獲也

周公再拜稽首曰臣聞之文考能求士材者智也材字盧本空方今從楊本補能與民利者仁也能收民獄者義也能督民過者德也爲民犯難者武也難去聲

補注自此以至民無淫慝俱指明德所則言周公對成王稱臣其未嘗踐天子位尤顯然能求士材者辨賢否也故曰智能與民利者衣養生息也故曰仁能收民獄者刑所當刑也故曰義能督民過者以身爲教也故曰德爲民犯難者執干戈以衛社稷也故

曰武

智能親智仁能親仁義能親義德能親德武能親武五者昌于國曰明明能見物高能致物物備咸至曰帝帝鄉在地曰本本生萬物曰世世可則度曰至度字盧本空方今從楊本補

補注智能親智五句言王者有如是之德則能以類召類矣五者昌于國則賢哲在位能知人矣故曰明明能見物無不照也高能致物無不覆也物備咸至醴泉芝草無不應也故曰帝帝鄉在地曰本乾元所以資始也本生萬物曰世悠久所以成物也世可則

度曰至百世以俟聖人而不惑也至如中庸至矣之

至

至德昭天（昭舊作照）百姓用驚（用字盧本空方今從楊本補）備有好醜民無不戒顯父登德德降則信信則民寧（顯父登德三句已見咸開解）爲畏爲極民無淫慝

補注至德昭天合撰合明之象百姓用驚服敎畏神也備有好醜民無不戒善者勸而惡者懲也顯父司徒也登德尚德也德降則信信則民寧本諸身而信于民也畏威也極中也淫慝過差也

生民知常利之道則國彊序明好醜必固其務好醜下盧本一字空方楊本作乃字案此字當衍今刪均分以利之則民安說文示部引逸周書均分㠯祘之阜用以資之則民樂阜字盧本空今從楊本補明德以師之則民讓樂音洛下同

補注此則政教所行也常利之道農桑是也重農桑則民富故國彊序明好醜旌別淑慝也必固其務務本務也均分以利之謂計口授田而豪強不得兼并故民安阜用以資之謂財用相資以羨補不足故民樂明德以師之與賢能也賢能與則尚德崇故民讓

生之樂之則母之禮也政之教之遂以成之則父之禮也父母之禮以加於民其慈惟博末二字盧本空方今從楊本補

補注此則字民之道也生之樂之慈也政之教之遂以成之則慈而濟以嚴焉禮猶道也如是則有父之尊有母之親而天下樂其顧復矣故其慈惟博博廣也普也

古之聖王樂體其政士有九等皆得其宜曰材多人有八政皆得其則曰禮服士樂音洛其生而務其宜是故奏鼓以章樂奏舞以觀禮奏歌以觀和禮樂既和其上乃不危

補注此言禮樂所生之事樂體其政謂作樂以象其功德左傳人有十等王公大夫士皂輿隸僚僕臺今與王以下言故曰士有九等皆得其宜位得當也材多師濟之義八政君臣父子夫妻兄弟也皆得其則則倫紀正矣故曰禮服服行也士樂其生祿足以代耕也務其宜則能受業講貫而習復矣樂有八器獨舉鼓者鼓人掌六鼓四金之音聲樂以金鼓爲重故奏鼓以章樂舞有文舞武舞奏舞以觀禮如季札見舞韶箾之類歌人聲也皆曰詩言志歌永言聲依永

律和聲故奏歌以觀和禮樂既和則治之盛也故上

乃不危

王拜曰允哉幼愚敬守以爲本典

補注幼愚成王自謂也

官人解第五十八

此與大戴文王官人篇同按其辭義與六韜相似其

原蓋出於太公而周公復錄以進成王如職方是周

公所作而穆王抄出觀覽遂以爲穆王時書矣

王曰於呼太師朕維民務官論用有徵觀誠考言視聲觀

色觀隱揆德可得聞乎

補注王成王也世紀八年王始躬親政事以周公爲太師案洛誥成王於周公稱公未聞稱太師也設官以牧民故曰維民務官官不當位則民受其咎故不可不慎論辯論也爾謂授以爵而試之事

周公曰亦有六徵嗚呼乃齊以揆之

補注唐太宗帝範曰古之明王用人必先六徵本此

齊一也揆度也

一曰富貴者觀其有禮施

補注施予也富貴者能以禮施則不驕不吝而能得衆矣

貧賤者觀其有德守

補注守操守也貧賤者能以德守則不干進不辱身而動必以正矣

嬖寵者觀其不驕奢隱約者觀其不懾懼

補注嬖寵近倖之臣隱約高蹈之士不驕奢則不僭事不懾懼則有以當大任而不疑

其少者觀其恭敬好學而能悌好去聲

補注恭敬其質也好學其文也能悌其本也

其壯者觀其廉潔務行而勝私行去聲

補注廉潔則有守務行則有爲勝私則不以勇害義

其老者觀其思慎彊其所不足而不踰

補注思慎則慮事周彊其所不足則不以氣血衰而自廢不踰不越也

父子之間觀其孝慈兄弟之間觀其和友君臣之間觀其忠惠

補注父子兄弟君臣人之大倫三者不失而後可爲

人

鄉黨之間觀其信誠

補注人能取信於鄉黨則大而天下國家均可托矣

省其居處觀其義方省其喪哀觀其貞良省其出入觀其交友省其交友觀其任廉喪去聲

補注居處燕溺之候觀其義方則不至失於冥冥喪哀謂失位窮處非謂居喪哀毀也大戴曾子立事曰居哀而觀其貞也去一喪字其義自見觀其貞良則無失身苟賤之行出入舉動也觀其交友者不知其

人視其友也以信相親曰任廉謂廉於財
設之以謀以觀其智示之以難以觀其勇煩之以事以觀
其治臨之以利以觀其不貪濫之以樂以觀其不荒樂音洛
補注設之以謀以觀其智明足以運籌也示之以難
以觀其勇氣足以任事也煩之以事以觀其治才足
以勝劇也臨之以利以觀其不貪廉足以自守也濫
之以樂以觀其不荒義足以自正也濫漬也濫大哉
作藍盧注云藍猶濫也
喜之以觀其輕怒之以觀其重

補注輕佻則易犯持重則難奪喜之以觀其輕怒之以觀其重互文也喜怒皆不爲所奪則中有主也

醉之酒以觀其恭從之色以觀其常遠之以觀其不二暱之以觀其不狎從音縱六韜選將篇言八徵語意與此合又莊子列御寇九徵本此

補注酒能亂德故醉之以觀其恭色能喪志故從之以觀其常遠之以觀其不二壹於忠也暱之以觀其不狎本於敬也

復徵其言以觀其精曲省其行以觀其備此之謂觀誠大戴採取其志以觀其情考其陰陽以觀其誠覆其微言以觀其信曲省其行以觀其備成此之謂觀誠也盧紹弓謂精

當作情荄以大戴採取其志二句抵周書復徵其言二句孔與軒大戴注則謂周書其徵作徵其信作精荄以大戴覆其徵言二句當周書復徵其言二句案大戴與周書所記互有詳略各傳其說可也

補注復徵其言反覆以證其言之是否也復與覆通以觀其精精猶真也微妙曰精曲省其行曲折以察其行之邪正也以觀其備則表裏精粗無不得矣

三曰方與之言以觀以觀下述脫二字其志殷以淵其器寬以悌定本從大戴作其氣寬以柔其色儉而不諂其禮先人其言後人見其所不足曰日益者也

補注方與旁通偏也殷以淵深也寬綽也能容衆也

悌豈弟也儉約也不諂不阿媚也其禮先人與人恭也其言後人不敢肆也見其所不足則自知明而學業敏矣

好臨人以色高人以氣賢人以言防其所不足發其所能曰日損者也

補注臨人以色則不能儉矣高人以氣則不能以禮先人矣賢人以言則不能後人矣防其所不足曲護其短而唯恐人知也發矜誇也發其所能則自滿而不復求進矣

其貌直而不止其言正而不私不飾其美不隱其惡不防其過曰有質者也

補注直而不止無回曲也正而不私無暗昧也不飾其美無伐善也不隱其惡不防其過無隱情也

其貌曲媚其言工巧飾其見物務其小證以故自說曰無質者也

補注曲媚善承順工巧謂有口才飾其見物耀於外也務其小證據以鳴也以故自說故詐也說謂喜悅

大戴盧注言以非自解說訞

喜怒以物而色不變煩亂以事而志不營深導以利而心不移臨懾以威而氣不卑曰平心而固守者也

補注喜怒以物而色不變其神靜也煩亂以事而志不營其識定也深導以利而心不移其欲淡也深疑作探臨懾以威而氣不卑其節抗也

喜怒以物而心變易煩怒以事而志不治導之以利而心遷移臨懾以威而氣慄慄曰鄙心而假氣者也盧文弨曰李善東都賦注引慄懼作悚悚

補注鄙心心粗而貪也假氣氣浮而僞也

設之以物而數決敬之以卒而度應不文而辯曰有慮者也戴震曰不文當作不學

補注設之以物試以事也數決有敏斷卒謂猝然之事敬與儆同度應謂能料事應物也不文而辯謂不必繁稱文辭而自中典要

難決以物難說以言舊脫言字據大戴補守一而不可變困而不知止曰愚依人也

補注難決以物事至而不能決也難說以言固執而不能以言諫也守一而不可變知一而不知二也困

而不知止謂當事勢窮蹙而不知轉計也盧文弨曰

依當讀爲薆薆蔽也

營之以物而不誤犯之以卒而不懼置義而不可遷臨之

貨色而不過曰果敢者也

補注營亂也物事也煩而御之以簡動而鎮之以靜

故不誤謂臨事不惑也誤與虞通魯頌閟宮無貳無

虞毛傳虞誤也犯之以卒謂以意外倉卒之事干之

不懼則中有裁決也置義而不可遷勇於赴義也臨

之貨色而不過目不過心亦不過拒之決絕也

移易以言志不能固已諾無決曰弱志者也

補注移易以言失其守者其僻支也志不能固奪於外也已諾無決謂已應諾之事而又搖惑也

順予之弗爲喜非奪之弗爲怒沈靜而寡言多稽而險貌曰質靜者也盧文弨曰大戴險作儉古通用

補注順予之弗爲喜非奪之弗爲怒寵辱不驚也沈靜氣不浮寡言口不肆多稽而險貌察於內而不露於外也

屏言而弗顧自順而弗讓非是而彊之曰妬誣者也

補注屏辯通屏言便言也弗顧者言與行違也白順而弗讓順如飾非順過之順弗讓不少遜也非是而彊之行辟而堅也妬忌也誣謂輕佻失據

微而能發察而能深寛順而恭儉溫柔而能斷果敢而能屈曰志治者也

補注微而能發明足以照也察而能深習足以燭也寛順而恭儉與人以可親也溫柔而能斷則非婦人之仁果敢而能屈則非匹夫之勇

華廢而誣巧言令色皆以無爲有者也此之謂考言

補注盧文弨曰案詩廢爲殘賊王肅云廢大也張湛注列子楊朱篇同此亦當作大解衡案華有虛義後漢馬融傳注華譽虛譽也

三曰誠在其中必見諸外以其聲處其實氣初生物物生有聲聲有剛柔清濁好惡俱去聲咸發於聲心氣華誕者其聲流散心氣順信者其聲順節心氣鄙戾者其聲斯醜斯舊作嘶據大戴改案斯與醜音義相近疑本作醜而傳寫又誤爲醜也心氣寬柔者其聲溫和信氣中易義氣時舒和氣簡備勇氣壯力聽其聲處其氣考其所爲觀其所由以其前觀其後以其隱觀其顯以其

小觀其大此之謂觀聲

補注誠在其中必見諸外有諸內必形諸外也以其

聲處其實實情實也處分别也氣初生物物生有聲

天地自然之感也剛柔淸濁好惡六者察聲之大端

華不實也誕妄也流散飄忽也順愼也信實也順節

語有倫次也鄙粗鄙戾乖戾也禮內則鳥皫色而沙

鳴鬱注沙猶嘶也釋文嘶音西字又作斯音同正義

曰嘶謂酸嘶古之嘶字單作斯耳周禮內饔注沙嘶

也漢書王莽傳莽爲人大聲而嘶注嘶聲破也方言

廝破散也東齊聲散曰廝秦晉聲變曰廝說文澌散聲也誓悲聲也案斯嘶澌廝誓俱通用醜愧恥也寬柔安舒也溫和靄然可聽也中正也易平易也時舒合宜也簡備不煩而能該括也壯力能任重也

四曰民有五氣喜怒欲懼憂喜氣內蓄雖欲隱之陽喜必見怒氣內蓄雖欲隱之陽怒必見欲氣懼氣憂悲之氣皆隱之陽氣必見五氣誠於中發形於外民情不可隱也

補注陽喜陽怒陽氣必見者夫微之顯誠之不可掩也

喜色猶然以出怒色薦然以侮欲色嫗然以愉懼色薄然以下憂悲之色瞿然以靜

補注爾雅釋詁鬱陶繇喜也郭注禮記曰人喜則斯陶陶斯詠詠斯猶猶卽繇也薦進也荀子儒效以相薦樽注薦樽皆謂相陵駕也嫗然以愉謂和悅也嫗然好色貌薄然以下厭然消阻之貌薄迫也瞿然以靜瞿瞪視也漢書惠帝賛閻叔孫通之諫則懼然師古曰懼讀曰瞿瞿然失守貌又東方朔傳吳王懼然改容師古曰懼然失守之貌也

誠智必有難盡之色誠仁必有可尊之色誠勇必有難懾之色誠忠必有可新之色誠潔必有難汚之色誠靜必有可信之色質色浩然固以安偽色蔓然亂以煩質色偽色二字舊缺據大戴補雖欲改之中色弗聽此之謂觀色

補注難盡之色謂不與人以揣測也誠智言非假托之智餘做此誠仁則安敦而高厚故必有可尊之色誠勇則死生不懼故必有難懾之色誠忠則內外如一故必有可親之色新親通誠潔則夷齊是已故必有難汚之色誠靜則坦率自然故必有可信之色質

色本乎天真故無虛假浩浩通固堅固安舒也僞色與質色相反蔓然轇葛紛紜之貌亂以煩內多欲而顛倒也雖欲改之中色弗聽則人之視己如見其肺肝矣此二語總結上文蓋謂誠仁則其色必仁誠勇則其色必勇不能改也

五曰民生則有陰有陽人多隱其情飾其僞以攻其名有隱於仁賢者有隱於智理者有隱於文藝者有隱於廉勇者有隱於忠孝者有隱於交友者如此不可不察也

補注內藏曰陰外見曰陽隱其情陰也飾其僞陽也

攻專治也隱於仁賢謂以此自掩蓋博虛譽也餘倣此

小施而好德小讓而爭大言願以爲質僞愛以爲忠尊其得以改其名如此者隱於仁賢者也改注士漢本作故如此者六條舊本或無者字或無如者字今補改一例

補注小施而好德少與以沽名也小讓而爭大廉於介介而露於昭昭也言願以爲質大戴盧注目愿當聲誤爲願也衡案言願猶願言也願如不願乎其外之願言其人本無質行而恒稱道於人以自表白也

僞愛以爲忠僞愛而爲親暱也以爲者假托之謂尊其得得與德通色取也改其名行遂也

慮誠不及佯爲不言內誠不足色示有餘自順而不讓措辭而不遂如此者隱於智理者也慮誠不及上舊有前總唱功四字按大戴無今删

補注慮誠不及短於謀也佯爲不言奸深以文其固陋也內誠不足色示有餘亡而爲有虛而爲盈約而爲泰也自順而不讓自順其非而不少遜也措辭而不遂謂不終竟其辭而恆吞吐其言各居是非之半

也

動人以言竭而弗終問則不對佯爲不窮口貌而有餘假道而自順因之口初窮則托深如此者隱於文藝者也

補注動人以言竭而弗終謂以難喻之言動人如臧三耳之類竭揭也既揭其旨而又弗終其說以啟人疑乃又不對而佯爲不可窮蓋其中本無甚深之義故爲此態以欺世盜名也假道而自順假托道德以順己之欲假如五霸假之也之假

口言以爲廉矯厲以爲勇內恐外誇亟稱其說以詐臨人

如此者隱於廉勇者也

補注口言疑是矯言矯言以爲廉廉於口而不廉於心也矯厲以爲勇勇於外而不勇於內也內恐外誇外强中乾色厲而內荏也亟稱其說以詐臨人亟稱猶孟子亟稱於水之意盜謂言之不已欲以見信於人而貿則借以售其詐也

自事其親而好以告人飾其見物不誠於內發名以事親自以名私其身如此者隱於忠孝者也

補注自事其親而好以告人欲以孝聞於人也飾其

見物不誠於內如食而弗敬之類發名以事親發與伐通誇也蓋以涀弋名而求重於世也自以名私其身者善則歸己也

比周以相譽知賢可徵而左右不同不同而交盧本不同二字不重案舊本皆有交必重己心說而身不近身近而實不至懼不盡見於衆而貌克如此者隱於交友者也此之謂觀隱

補注比周以相譽朋黨也知賢可徵己知其人矣而左右不同故鑿枘以示之蓋將招之使附己也不同而交則其人必尊我而不相背故必重己心說而身

不近使之遙聞聲而相思也身近而實不至不示人以璞也懼不盡見於衆而貌克者惟恐知我之不盡而畢露於顔面以求勝也貌克疑當作貌充貌充心虚見列子

六曰言行不類終始相悖外内不合雖有假節見行曰非成質者也行俱去聲

補注類善也悖逆也假節見行謂假托志節以飾其美

言忠行夷争靡及私曰弗求及情忠而寛貌莊而安曰有

仁者也行去聲

補注忠直也夷平也爭靡及私急公也情忠而寬主乎內者直而溫也貌莊而安見於外者敬而和也

事變而能治效窮而能達措身立方而能遂曰有知者也

補注能治謂能理也效窮而能達屈而能信也措身立方而能遂謀無弗成功無弗就也

少言以行恭儉以讓有知而言弗發有施而口弗德曰謙良者也

補注少言以行慎於言而敏於事也恭儉以讓則能

下人矣有知而言弗發不自炫其才也有施而口弗

德不自多其惠也

微怨之言久而可復幽閒之行獨而弗克其行亡如存曰

順信者也

補注微怨之言久而可復庸言必信也幽閒之行獨

而弗克庸行必謹也行亡如存能主敬也

貴富恭儉而能施嚴威有禮而不驕曰有德者也

補注祿愈崇而身愈約位愈高而志愈謙望愈隆而

心愈小可以當此矣

隱約而不懾安樂而不奢勤勞而不變喜怒而有度曰有守者也樂音洛

補注窮不失志故不懾富而好禮故不奢勤勞而不變如北山行役之大夫是已發而皆中節故有度

直方而不毀廉潔而不戾彊立而無私曰有經者也

補注直方而不毀不毀方瓦合也廉潔而不戾不矯情立異也彊立而無私剛不過乎中也經常也

虛以待命不召不至不問不言言不過行行不過道曰沈靜者也行去聲

補注處以待命不急仕也不召不至其品重也不問不言不越俎也言不過行行不過道道言也言顧行行顧言是爲不過

忠愛以事親驩以盡力而不回敬以盡力而不口曰忠孝者也

補注忠愛愛出於誠也驩以盡力勞而不怨也驩喜悅也回邪也事親以道不衺邪也忠孝一心於孝也盧文弨曰大戴作歡欣以敬之盡力而不面敬以安人以故名不生焉初學記引周書亦作歡以敬之盡

力而不固敬以安之案阿與固皆面之譌即上文所云面於敬愛是也缺處疑是名字亦見上文衡案面於愛敬見大戴周書無

合志而同方共其憂而任其難行忠信而不疑口隱遠而不舍曰交友者也

補注合志同方共道同也共憂任難以義從也

志色辭氣其人甚偷進退多巧就人甚數辭不至少何其所不足謀而不已曰僞詐者也此段較大戴脫落甚多因傳此書者各有詳略故也

補注偷苟且也進退多巧虛而委蛇也就人甚數貌

爲親暱也辭不至少多爲言說以悅人也其所不足謀而不已患得之心甚也

言行亟變從容克易好惡無常行身不篤曰無誠者也行好惡俱去聲行身之行如字

補注言行亟變更革不一也從容克易舉動反覆也好惡無常喜怒叵測也行身不篤後先易轍也

少知而不大決少能而不大成規小物而不知大倫曰華誕者也

補注此小有材而未聞君子之大道者淮南說山訓

人不小學不大迷不小慧不大愚是也規猶規規也

小見之貌

規諫而不類道行而不平曰竊名者也

補注類善也規諫而不類謂諍人則是而自治則非也道引導也道行而不平謂立訓則正而率由則乖也

故曰事阻者不夷畸鬼者不仁舊作崎口者不刨今據大戴改面譽者不忠飾貌者不靜假節者不平多私者不義揚言者寡信此之謂揆德大戴揆德下尚有四百餘字疑亦周書闕文

補注應事齟齬者其立心必險故不夷夷平也畸鬼猗倚魁荀子修身篇注倚魁謂偏倚狂怪是也畸鬼則中情叵測故不仁面譽者佞故不忠飾貌者僞故不靜靜通作情無實也盧文弨曰表記文而靜鄭云靜或爲情衡案文選嵇康絶交書欲降心順俗則詭故不情李善注引周書飾貌者不情據此當作情字假節見前不平謂偏頗反側

逸周書卷十七

晉孔晁注　　江都陳逢衡補注

王會解第五十九

昔之評王會者以爲似考工記似山海經信矣然於名物之斷外夷之考雖有王氏補注猶未備焉兹編採擇羣書凡百餘種尚有不能注釋者幸博雅教之

成周之會

孔注王城既成大會諸侯及四夷也

補注王應麟曰成周者洛邑之總名成王命周公營

成周卜澗水東瀍水西爲朝會之地謂之王城是爲東都衛案周至東都築而王業成故曰成周竹書紀年成王七年王如東都卽此事故王會題爲成周之會

墠上張赤帟陰羽王本陰羽上有張字

孔注除地曰墠帟帳也陰鶴也以羽飾帳也潛確類書曰汲冢書目鶴爲陰羽衛案孔注以鶴訓陰非目鶴爲陰羽也通雅亦云鶴謂之陰羽俱誤

補注王應麟曰覲禮諸侯覲於天子爲宮方三百步四門壇十有二尋深四尺司儀將合諸侯爲壇三成

公於上等侯伯於中等子男於下等幕人朝覲會同

共帟掌次合諸侯設重帟帟以芘下而承塵易曰鳴

鶴在陰相鶴經曰鶴陽鳥也而游於陰禽經曰鶴愛

陰而惡陽故以陰爲鶴

天子南面立絻無繁露朝服八十物搢珽

孔注繁露冕之所垂也所尊敬則有焉八十物大小

所服搢插也珽笏也（王本作珽似笏）

補注天子謂成王南面南鄉也司儀詔王儀南鄉見

諸侯明堂位天子負斧依南鄉而立其受諸侯覲用

衮冕版廣八寸長倍之前圓後方前俛後仰飾之布上元以象天下纁以象地名之曰冕取俛以致敬之義故字通作絻繁露者旒也旒綴玉而下垂如露之多有聯貫之象故曰繁露今觀諸侯以上臨下故不用朝服八十物者天官典絲云凡祭祀共黼畫組就之物珽大圭也謂之珽者挺然直上示方正於天下無少屈也周禮春官典瑞王晉大圭鄭衆曰晉讀爲搢紳之搢謂插於紳帶之間若帶劍也又冬官玉人大圭長三尺杼上終葵首天子服之注玉所搢大圭

也或謂之珽終葵椎也爲椎於其杼上明無所屈也杼閷也相玉書珽玉六寸明自炤惠士奇禮說曰大圭長三尺珽長六寸爲椎頭故曰杼上終葵首杼長也方言引燕記曰豐人杼首杼首長首也楚謂之伃燕謂之杼諸侯之笏詘前故前絀天子之珽抒上故上長惠氏此說明晰故又於下特注曰珽比他圭最長也或謂珽非大圭則是天子見諸侯僅搢此六寸之珽褻矣

唐叔荀叔周公在左太公望在右皆絻亦無繁露朝服七

十物搢笏旁夫子而立於堂上

孔注唐荀國名皆成王弟故曰叔旁謂差在後也近夫子故其冕亦無旒也

補注王應麟曰唐叔虞封於堯舊都爲唐侯地理志太原晉陽縣詩唐國在今太原府左氏傳有荀侯世本荀姬姓杜預云河東長脩縣東北有荀城在今絳州玉藻笏諸侯以象曰荼前詘後直五經要義笏以記事防忽忘禮圖云度二尺有六寸中博三寸其殺六分去一晉宋以來謂之手板古笏搢之以記事不

執之以爲儀守文周百官始執笏衡案高士奇春秋地名攷略曰先儒皆謂荀卽郇考詩云郇伯勞之竹書昭王六年賜郇伯命則郇爲伯爵自不同也逸周書王會解天子南面立唐叔荀叔周公在左孔晁云唐荀皆成王弟是郇爲文昭荀爲武穆又不同也孔疏又止云荀姬姓其爲兩國無疑衡案邢晉應韓武之穆也無所謂荀者疑孔晁注皆成王弟有誤周道親親故周公與唐叔荀叔皆在左太公異姓故在右其冕制之等級周公太公當用袞冕九章唐叔荀叔

當川鷩冕七章七十物者降天子一等也

堂下之右唐公虞公南面立焉

孔注唐虞二公堯舜後也

補注王應麟日樂記武王克殷未及下車封帝堯之後於祝帝舜之後於陳史記以祝爲薊薊桀此不言祝公陳公者從其朝也

堂下之左殷公夏公立焉皆南面絻有繁露朝服五十物

皆搢笏

孔注杞宋二公冕有繁露搢笏則唐虞同也

補注王應麟曰史記武王克殷求禹之後得東樓公封於杞書序成王命微子啟代殷後樂篇曰封殷於宋紹夏於杞衡案此不言杞公宋公者亦猶稱唐虞之義也王者之後稱公其冕服俱當用袞冕九章此皆外諸侯以臣見君故冕有繁露爲尊敬也

爲諸侯之有疾病者爲去聲趙聯明曰下文有之北疑衍阼階之南祝淮氏榮氏次之北贊次之皆西面彌宗旁之王本旁之作之旁

孔注淮榮二祝之氏也彌宗官名次珪瓚南差在後

補注王應麟曰祝主祭之贊詞宗宗人主神之列位

尊卑能知山川敬於禮儀明神之事者以爲祝能知四時犧牲壇場上下氏姓所出者以爲宗古以宗伯爲上宗猶宗益宗人云阼階東階也瓚者盛鬯酒之器以圭爲柄謂之圭瓚衡棻東方生氣所在故令淮榮氏欠之圭瓚棻用以祈禳也惠士奇禮說曰春官大祝小祝男巫女巫皆傳祝山之術此淮榮二祝亦古祝由之類惠棟曰大戴公符有祝雍此淮字與相似盧文弨曰棻雍爲名淮爲氏不必一人

爲諸侯有疾病者之醫藥所居

孔注使儲左右召則至也

補注王應麟曰此見遇臣之厚處事之周衡案上文彌宗旁之王本作彌宗之旁是宋以前所傳本如此盧抱經以爲誤倒非也蓋上條所云乃巫用稭藉之事以禱祈去病祝由掌之此條醫藥所居當是針石之類俾宗人之有職事者掌之故曰彌宗之旁爲諸侯有疾病者之醫藥所居此十六字當連爲一條上文爲諸侯之有疾病者八字趙氏以爲衍不可從

相者太史魚大行人皆朝服有繁露相去聲

孔注魚太史名及大行人皆贊相賓客禮儀也

補注周禮春官太史下大夫二人大會同朝覲以書協禮事秋官大行人中大夫二人掌大賓之禮及大客之儀以九儀辨諸侯之命等諸侯之爵以同邦國之禮而待其賓客冢大子受諸侯朝覲大宗伯爲上擯小行人爲承擯嗇夫爲末擯此言相者太史魚大行人者蓋以太史掌策命諸侯之事大行人掌侯國納貢之事此殆舉其全節而言之也皆朝服有繁露者卿大夫之服自元冕而下如孤之服以其襄事於

外不近天子故有繁露下郭叔同

堂下之東面郭叔掌爲天子菉幣焉綖有繁露

孔注郭叔虢叔文王弟菉錄諸侯之幣也

補注王應麟曰左氏傳虢叔王季之穆也在畿內謂之西虢括地志故城在岐州陳倉縣虢文公其後也唐世系表平王求虢叔裔孫序封於陽曲號曰郭公虢謂之郭聲之轉也衛茖晉語胥臣曰文王敬友二虢謂虢仲虢叔皆文王之母弟也馬融謂虢仲是同母弟虢叔是異母弟不可從虢叔爲文王卿士此郭

叔是其後郭虢通公羊傳晉獻公曰吾欲伐郭則虞救之伐虞則郭救之又蔡邕郭有道碑文曰王季之穆有虢叔者實有懿德文王咨之建國命氏或謂之郭是也王氏謂此是西虢葢本賈逵虢仲封東虢虢叔封西虢之說據路史國名紀東虢是叔之封袁通作錄篆部也以簡牘錄其物也周官職幣皆辨其物而奠其錄杜子春云定其錄籍也此庭實之物葢郭叔掌之稅有繁露虢爲公爵冕服當用九章

內臺西面正北方應侯曹叔伯舅中舅

孔注內臺中臺也應侯成王弟曹叔武王弟皆國名爲諸侯二舅成王之舅姜兄弟也

補注應侯武王子左傳邗晉應韓武之穆也王應麟謂武王封其子於應誤案傳序應於邗晉之下年必弱於唐叔據紀年唐叔在成王十年始封十年當作十七年案紀年成王七年王如東都卽王會事而此解已云唐叔則受封當卽在此年古十七二字多以形似互錯則謂應侯封于武王時者誤也漢地理志潁川郡父城應鄉故國周武王弟所封應劭曰韓詩外傳周成王與弟戲以桐葉爲圭吾以此封汝周公曰天子無

戲言王應時而封故曰應侯鄉是也臣瓚曰呂氏春秋曰成王以戲授桐葉爲圭以封叔虞非應侯也汲郡古文殷時已自有國非成王之所造也師古曰武王之弟自封應國非桐圭之事也應氏之說蓋失之矣衡案漢志周武王弟當作周成王弟應爲武穆載在僖二十四年傳不聞武王有弟封應也桐葉之事固誣顏氏以爲是武王弟亦未爲得也蓋應是古國名商盤庚時已有應侯至成王時始滅以封其弟今河南汝州寶豐縣西南有應城即故應國也曹文

之昭也史記武王封弟叔振鐸于曹漢志濟陽郡定陶縣故曹國伯舅中舅指異姓侯國言孔以姜兄弟釋此誤王應麟引左氏齊甥舅之國爲解亦誤蓋皆泥于武王妃邑姜之說與爾雅母之昆弟爲舅也不知曲禮明云同姓謂之伯父叔父異姓謂之伯舅叔舅則此伯舅中舅者即曲禮所謂伯舅叔舅也泛指異姓下文伯父中子泛指同姓必求其人以實之鑿矣

比服次之要服次之荒服次之西方東面正北方伯父中

子亥之
孔注此要服於比服轉遠故殊其名非夷狄之四荒也伯父姬姓之國中子於王子中行者
補注王應麟曰服言服王事也比近也以職方九服約之比服其侯甸要服其男采衛荒服其蠻夷鎮藩與祭公謀父諫穆王謂先王之制有甸侯賓要荒亦與職方異曲禮同姓謂之伯父中子王之支子也衛案比服即周禮之采衛夏官形方氏使小國事大國大國比小國注比猶親也則此比服蓋謂去侯服不

遠有依比親寄之義其地自當近于要服要取要約之義大行人在甸男采衛之外卽指夷狄之近者言荒服則蕃服也伯父中子同姓之國上文應侯曹叔則同姓之親近者此伯父中子則同姓之疏遠者蓋異姓不必有昭穆之序故統之以伯舅中舅若同姓則天潢之玉牒不可紊故舉伯父以包叔父舉中子以包季弟幼子而昭與昭齒穆與穆齒蓋卽朝廷序爵而親親之義亦在其中矣或曰西方東面正北方伯父中子次之十三字當在比服次之之上與上條

伯舅中舅緊接爲是蓋伯舅中舅伯父中子即所謂侯甸男也一在西面一在東面外則比服要服荒服序次非然

方千里之內爲比服方二千里之內爲要服方三千里之內爲荒服是皆朝於內者

孔注此服名因於殷非周制也

補注惠氏禮說曰王會篇千里之內爲比服比之言親先王之所以親諸侯易之比卦取名於此注云此服名因於夏夏之比服周之賓服也衛案今本孔注

是名因于殷惠引作夏不知何據夏比服亦無考禹貢要服之內是綏服綏有安撫之義其即比服之說乎周賓服即比服據國語祭公謀父諫穆王篇文賓于甸侯之外要荒之內則比服即賓服自是確切比服當在侯甸男之外約其地有千里之廣故曰方千里之內分之則爲采衛合之則爲比服故比亦訓合也要服之地與比服相等案禹貢五百里要服周禮大行人下衛服之下亦云又其外方五百里謂之要服則是要服指夷狄之近者蓋自唐虞以迄殷周總

不過五百里即兩面算亦不過千里其曰二千里之内者蓋蒙上比服千里而某爲二千里也方三千里之内爲荒服則又蒙上三句而言案荒服即大行人九州外之蕃國職方則以蠻夷二服當大行人之要服以鎮藩二服當大行人之蕃國據禹貢荒服亦不過五百里周禮大行人邦畿方千里其外侯甸男采衛要各五百里合之王畿其得四千里而蕃國又在其外職方則王畿千里侯服五百里甸服五百里男服五百里采服五百里衛服五百里與大行人同而

無要服五百里另有蠻服五百里夷服五百里鎮服五百里藩服五百里總計有五千五百里蓋大行人于蕃國統言之而職方則蠻夷鎮藩又遞界其疆于五百里今以王會計之王畿千里外則侯甸男各五百里其外爲此服當職方之采衛又其外爲要服當職方之蠻夷又其外爲荒服當職方之鎮藩此與大行人並可互證王應麟謂職方九服并王畿方五千五百里此三服方六千里王畿不與焉則是以二千里盡屬要服三千里盡屬荒服也俟考

堂後東北爲赤帟焉浴盆在其中

孔注雖不用而設之敬諸侯也

補注禮玉藻出杅注杅浴器也疏云杅浴之盆也朱

設此非不用之物禮云將適公所宿齋戒居外寢沐

浴則以諸侯遠來恐其不潔故令其沐浴而後朝所

以敬君非敬諸侯也

其西天子車立馬乘六青陰羽鳧旌

孔注鶴鳧羽爲旌旄也

補注王應麟曰書五子之歌言六馬漢世此經不傳

多言天子駕四公羊說王度記云天子駕六析羽爲
旌皃似鴨而小長尾背上有文衡案此天子車旗之
制後世謂之鹵簿六靑指馬

中臺之外其右泰士臺右彌士王應麟曰士一作巫

孔注外謂臺之東西也外臺右泰士右彌士言尊王
泰彌相儀之士也

補注盧文弨曰右泰士之右或疑左謝墉曰中臺之
外其右泰士則在臺之前下云臺右側旁臺而立者
上右字不必疑是左字衡案王應麟以大訓泰以終

訓彌於義不合又謂泰士是上士彌士是中士下士則同是臺外之列何得殊其職而異其分乎惠棟謂泰士理官則惑於左氏榮爲大士之說案是時會同舉行嘉禮焉用刑官而所謂彌士者又將何說以通之乎盧氏謂彌如彌甥之彌案彌甥之彌訓遠與此亦不合然則泰士彌士當何解曰此權設非常職也且是入衛之士非相儀之士也相儀則有司儀肆師等官而此則吉士庶士之流暫衛王所者案是時各國既畢朝於內而又率其屬以陳幣外臺則於中臺

之外自不得不陳列虎賁之士以少備非常葢不必
躬擐甲胄如管㦡之守故不曰虎賁而曰泰士㒸士
泰安也㒸讀如弭弭亦安也殆有取於安輯之義乎

受贄者八人東面者四人

孔注受賓幣士也四人東面則西面四人也

補注王應麟曰贄之言至所執以自致衛案受贄受
諸侯之貢也九州之外各以所寶爲贄

陳幣當外臺天玄𦒿宗馬十二

孔注陳束帛被馬於外臺天玄黑𦒿宗尊也

補注王應麟曰覲禮奉束帛匹馬卓上畫繢之事天謂之玄玄與黑別黑者北方之正色六入爲玄則有黑有赤赤者陽之正黑者陰之正惟天體備陰陽之正色博雅駪廁也左氏傳子服景伯曰周之王也制禮上物不過十二以爲天之大數也衡案陳幣當外臺五字當爲一節所謂庭實唯國所有也天元駪宗馬十二當另爲一節與下三項皆王朝所設以備觀驓者駪舊作歎今從王本作駪案集韻駪力涉切音獵鬛艮涉切音獵與鬣同髮鬣也鬣力涉切音獵此

三字音切並同然則毦當作髦髦鬣通謂鬣毛也明堂位所謂夏后氏駱馬黑鬣是也宗亦不訓尊當與鬃字通或傳寫脫去上半耳蕃謂此所陳之馬其毦與鬃皆天元而其數則十二也王應麟引博雅毦罽也之說則是天元毦爲一物宗馬爲一物矣不可據

玉元繅碧綦十二碧綦盧從王本作璧綦注同

孔注此下三碧皆玉元繅謂以黑組紐之綦玉名有十二也

補注王古玉字元繅黑組也所以束玉亦謂之繅藉

聘禮之絇組尺也或曰王乃天字之譌亦通說文碧石之青美者案山海經西山經之高山北山經之帶山少咸山狐岐山蟲尾山繡山碣石山東山經之栒狀山皆出青碧西山經之章莪山北山經之石者山僥山東山經之竹山中山經之和山傅山皆出瑤碧又西山經之大次山北山經之北囂山湖灌山太行山歸山中山經之光山龍山玉山柴桑山皆出碧又北山經之維龍山有碧玉東山經之耿山多水碧碧山多碧水玉中山經之爽水多碧綠郭景純曰碧亦

玉類也又碧樹見淮南墜形訓注碧青石也唐碧見脩務訓注唐碧石似玉又碧盧見氾論訓廣雅作碧瓐漢書地理志越巂郡會無縣東山出碧宣帝時益州有金馬碧雞之神如淳曰碧形似雞魏略曰大秦國出碧晉大康地記曰雲南青蛉縣出碧他如瑤碧縹碧之類引用不勝枚舉然則此處碧字不必改作圭璧之璧碁與璂通省作基璂讀如綦璂玉之小者亦不必改作綦也中山經休與之山其上有石名曰帝臺之棋五色而文其狀如鶉卵博物志作狀如雞

卯又本草石膽別錄云一名棋石然則基讀如棊當即棋也蓋謂玉之成塊如棋子者

參方玄繶璧豹虎皮十二

孔注參方陳幣三所也璧皮兼陳也

補注爾雅肉倍好謂之璧郊特牲虎豹之皮示服猛也

四方玄繶璧剡十二

孔注剡珪也有鋒銳陳之四方所列之也（也當作地）

補注考工記玉人剡圭九寸判規以除慝以易行此

圭銳上而有鋒刃其用銛利以諭諸侯有不庭者則天討有加焉故陳之西方使知所警也

外臺之四隅張赤帟爲諸侯欲息者皆息焉命之曰爻閭四隅下王本有每閭二字爲去聲

孔注每角張帟息者隨所近也諸侯稱爻也

補注說文爻交也冊鉛總錄曰木經云爻者交疏之牕也其字象牕形今之象眼牕也一牕之孔六六十四六牕之孔凡三百八十四也仁和沈赤然曰諸侯無爻字之稱古文安字似爻疑本是安字爲諸侯安息

之閒耳衡案古人制器命名俱有深義無泛設者是以月吉之布則曰象魏所以一衆庶之視也外臺之息則曰交闕所以聯上下之交也

周公旦主東方所之青馬黑毦謂之母兒

孔注周公主東方則太公主西方東青馬則西白馬奚馬名未聞

補注案孔說太泥此曾以周公主其事猶湯定獻令以伊尹主其事也王應麟引公羊傳自陝而東者周公主之亦因孔注而泥若東青馬則西白馬其說更

屬廷贊案上文郭叔掌爲天子葆幣而爻閭之息諸侯則周公旦主之當與上爻閭聯爲一節其東方青馬黑毦謂之母兒當與下文正北方稷愼大麈正東高夷嗛羊一類不應在守營牆之前今以脫去國名又復連爲一事遂致訛錯

其守營牆者衣青操弓執矛

孔注戟也各異方（上本各作名無方字盧本作方各異今仍從舊）

補注王應麟曰營牆壝宮之墻也司儀注宮壝土以爲牆後漢祭祀志爲壝重營盧文弨曰案此東方也

故衣青操弓執矛餘方則各異矣注以戟爲矛若依淮南子則春矛夏戟有別也衡案青衣賤者之服不必泥定上文東方二字葢此是守門之賤故衣青後世兵卒衣青本此其操弓執矛所以拱護王宮孔注所云各異方者謂餘方皆然也穀梁莊公二十五年傳天子救日陳五兵范注矛戟鉞楯弓矢徐邈云矛在東戟在南鉞在西楯在北弓矢在中央又禮記曾子問如諸侯皆在而日食則從天子救日各與其方色與其兵正義引隱義云東方用戟南方用矛西方

用弩北方用楯中央用鼓據此則操弓執矛不必盡
在東也高誘淮南時則訓注矛有鋒鋭似萬物鑽地
戟有枝榦象陽布散則矛與戟爲二物孔以戟訓矛
亦誤矛狠舊之屬

西面者正北方稷慎大麈

孔注稷慎肅愼也貢麈似鹿正北内臺北也

補注王應麟曰大行人九州之外謂之蕃國世一見
各以其所貴寶爲贄注周書王會備焉書序成王既
伐東夷肅慎來賀史記作息慎山海經大荒之中有

山曰不咸有肅慎氏之國在白民北注去遼東三千餘里後漢書挹婁古肅慎在夫餘東北千餘里東濱大海唐地理志渤海王城其西南三十里古肅慎城說文麈麋屬急就篇注似鹿尾大而一角漢書粤山多麈麖麈似鹿而大麖似鹿而小山海經風雨之山即谷之山多麈衡案稷慎即肅慎左傳肅慎燕亳吾北土也淮南墬形訓海外三十六國有肅慎民高誘注肅敬也慎畏也竹書紀年大戴禮五帝德史記五帝紀並作息慎稷息肅古通用肅慎之國見海外

西經又見大荒北經不咸山今之長白山也後魏書勿吉國在高句驪北舊肅慎國也去洛五千里北史勿吉國一曰靺鞨其部類凡有七種自拂涅以東皆石鏃即古肅慎氏也案一統志盛京奉天府承德縣秦以前肅慎氏地又開原縣鐵嶺縣寧古塔黑龍江等處俱肅慎氏地

穢人前兒前兒若彌猴立行聲似小兒

孔注穢韓穢東夷别種韓鍾本周文歸作寒誤

補注王應麟曰後漢東夷傳滅北與高句驪沃沮南

與辰韓接東窮大海西至樂浪山海經注今扶餘國
即濊貊故地在長城北去玄菟千里爾雅注鯢魚似
鮎四脚前似獼猴後似狗聲如小兒啼大者長八九
尺水經注廣志曰鯢魚聲如小兒有四足形如鱧出
伊水史記謂之人魚始皇葬以膏爲燭司馬相如上
林賦注鰟鯢魚也似鮎有四足聲如嬰兒宋祁益部
方物圖魶魚出西山溪谷及雅江狀如鯢四足能緣
木聲如兒啼衛桼穢人穢貊也山海經海內西經謂
之貊國桼穢即濊一作獩其地與三韓接壤三韓者

馬韓辰韓弁韓也後漢書夫餘國在元菟北千里南
與高句驪東與挹婁西與鮮卑接北有弱水地方二
千里本濊地也魏志濊貊南與辰韓北與高句麗沃
沮接東窮大海案一統志扶餘今爲科爾沁六旗地
又朝鮮國之江原道爲古濊貊國前兒卽山海經之
人魚互見北山經中山經其狀如鯑魚四足其音如
嬰兒食之無癡疾郭注卽鯢也似鮎而四足聲如小
兒啼郝懿行曰鯢古文省作兒周書王會濊人前兒
兒从儿卽古文人字又人兒聲轉經文古本作兒魚

卷十七　　三

闕脫其上即爲人魚衡案山海經北山經人魚僅一見於淺淺之水而中山經浮濠之水厭染之水楊水潕水視水凡數見又見於西山經之丹水焉得處處皆闕脫其上而爲人魚乎蓋此魚四足若彌猴聲似小兒又能立行以其有似於人故謂之人魚郝氏又於中山經少室山休水鯑魚下引周書直云見若彌猴亦誤案所謂形似彌猴者實是魚不是猴庶物異名疏引周書王會直云前兒猴屬格致鏡原列之獸部猴類俱誤周益公云宜興洞有四足鮎宋乾道六

年行都北關有鮎魚色黑腹下出人手於兩旁各具五指此魚妖也案此卽前見各具五指卽中山經所謂長距是也盆公以爲魚妖直未考耳郝氏又謂北山經歷虢水之師魚卽人魚似不甚合若北山經諸懷水之鮨魚魚身而犬首其音如嬰兒食之已狂正與鯢魚相似已狂卽所謂無癡疾也犬首初學記及太平御覽竝引作大首案當是人首前見貌似人故曰人首也

良夷在子在子幣身人首脂其腹炙之霍則鳴曰在子際盧

本作空方今從王本萑王本作藿

孔注良夷樂浪之夷也貢奇獸漢志樂浪郡師古曰樂音洛浪音狼

補注王應麟曰山海經朝鮮在列陽東海北山南注今樂浪縣爾雅疏九夷二曰樂浪漢樂浪郡故朝鮮國萑兄葉衡案山海經朝鮮在海內北經一統志樂浪今爲朝鮮之平安道又谷資城呑列城不耐城帶方城俱漢樂浪郡屬縣七修類藁載登州老醫毛翔自言捕魚海中見有城府欹側半陷水中城樓上有榜曰青州白浪縣因謂白浪卽樂浪幷引王會良夷

山海經朝鮮作證其說不足據在子不知何物幣疑作弊玉篇弊獸名格致鏡原引王會幣身作鼈身並附於鼈類之末通雅亦云在子鼈身人首案良夷濱於東北海例以穢人前兒揚州禺禺則在子爲水族似可信炙之霍者霍即劉廣雅裂也釋名發霍也所中霍然即破裂王本改作藿又訓爲豆葉於文義不甚貫通雅訓炙之以藿以字添設

揚州禺禺魚名解隃冠（冠盧本作冠）

孔注亦奇魚也（玩此注則上文奇獸當作奇魚）

補注王應麟曰說文鰅魚名皮有文出樂浪東暆神爵四年初捕收輸考工周成王時揚州獻鰅上林賦禺禺郭璞曰禺禺魚皮有毛黃地黑文衡案下文蠻揚爲揚州之蠻漢書南粵傳所謂揚越是也當在揚之南境此揚州疑卽禹貢所謂島夷其國當在揚之東境呂氏侍君覽有揚島禺禺卽鱅鱅見山海經東山經其狀如犁牛博物志東海中有牛體魚其形狀如牛卽此禺禺魼鰨見子虛賦徐廣曰禺禺魚牛也又上林賦鰅鰫鰬魠郭璞曰鰅魚有文彩方言齊宋之閒凡物

盛多者謂之冠或曰魚名解喻冠五字疑衍

發人麃麃者若。鹿迅走舊作發人鹿鹿者若鹿迅走誤王本作發人鹿人鹿人者若鹿迅走盧從史記正義改作麃邵氏爾雅正義引亦作麃今從之

孔注發亦東夷迅疾

補注王應麟曰漢武帝詔曰周成康刑錯不用海外肅眘北發渠搜氐羌徠服晉灼曰王恢傳北發月支可得而臣似國名也大戴記五帝德曰北山戎發息愼管子曰發朝鮮之文皮博物志江漢有貙人能化爲虎鹿人蓋此類衡案發國有二一在南史記五帝

杞南撫交阯北發是也此發人自是北狄大戴少閒篇盧注北發北狄地名其地出迅足鹿可據管子大戴漢詔以發與朝鮮息愼類舉其國蓋在東北故孔注謂之東夷東原戴氏引逸周書曰發鹿者若鹿迅走謂北發之人貢似鹿獸耳見所校大戴禮案所引亦誤今從盧本作麃麃牛尾而一角其大者謂之麠麠或作麖麖與麢音相近故楚人謂麢爲麃也竊疑此條當是發人麃麃音麢其字上从鹿下从几几與几形相似几卽古文人字後世傳寫誤分爲二故王

伯辠所見本為鹿人也爾雅麐大麕旄毛狗足又云猶如鹿善登木李時珍曰麂似麞而小黑色豹脚脚矮而勁善跳越其說與王會所謂迅走合

俞人雖馬

孔注俞東北夷雖馬巂如馬一角不角者曰騏

補注王應麟曰漢書巴俞注俞水名今渝州爾雅騶如馬一角注元康八年九真郡獵得一獸大如馬一角角如鹿茸此即騶也今深山中人時或見之亦有無角者衡案廣韻渝本巴國漢為巴郡之江州縣梁

於巴郡置楚州隋改爲渝州因渝水爲名案一統志今四川重慶府巴縣江津縣壁山縣綦江縣皆其地又順慶府有渠江西南流入重慶府合州界東北入嘉陵江水經注謂之宕渠水寰宇記宕渠水一名渝水此則漢書注所謂渝水也其地當在成周西南與孔注東北夷不合又漢書樂布傳以功封鄃侯蘇林曰鄃音榆濟河縣也案漢志清河郡有鄃縣亦不在東北惟遼西郡之臨渝縣有渝水首受白狼東入塞外遼西郡屬幽州幽州東北也今直隸永平府有渝

河在撫寧縣東又山海關在撫寧縣東一百里本古渝關地此俞人當在其左近山海經北山經帶山有獸焉其狀如馬一角有錯其名曰䑏疏郝懿行曰䑏雖疏俱聲相近廣雅鑴錐也王氏疏證曰爾雅釋獸䑏如馬一角亦以其角形如錐而名之故逸周書王會篇謂之雖馬雖錐聲相近也

青邱狐九尾

孔注青邱海東地名

補注王應麟曰服虔曰青邱國在海東三百里司馬

相如子虛賦秋田乎青邱彷徨乎海外郭氏曰山名上有國在海外淮南子堯徼大風於青邱之澤瑞應圖九尾狐六合一同則見文王時東夷歸之孝經援神契德至鳥獸則狐九尾呂氏春秋禹行塗山有白狐九尾造於禹山海經青邱國在朝陽北其狐九尾青邱之山有獸如狐而九尾其音如嬰兒能食人注竹書曰伯杼征于東海及三壽得一狐九尾衡案青邱之澤見淮南本經訓注青邱東方之澤名也青邱國見海外東經又見大荒東經晉天文志青邱七星

在軫東南蠻夷之國也案一統志青邱在高麗境高麗今朝鮮也唐討高麗置青邱道行軍總管初學記卷二十九引圖讚云青邱奇獸九尾之狐

周頭煇羝煇羝者羊也

孔注周頭亦海東夷

補注棻山海經有驩頭國周饒國不知誰是此國或曰周乃雕字之誤頭與題通蓋即雕題國也羝同羝牡羊也

黑齒白鹿白馬

孔注黑齒西遠之夷也貢白鹿白馬

補注王應麟曰山海經黑齒國在青邱北爲人黑齒注齒如漆呂氏春秋禹東至鳥谷青邱之鄉黑齒之國東夷傳裸國東南有黑齒國船行一年始可至吳都賦注西屠以草染齒染白作黑伊尹朝獻商書正西漆齒管子雕題黑齒注南夷之國南夷志黑齒蠻在永昌關南以漆漆其齒見人以此爲飾寢食則去之周語穆王征犬戎得四白狼四白鹿以歸宋符瑞志黃帝時南夷乘白鹿來獻鬯衡案黑齒國見管子

小匡又見呂氏春秋求人篇高誘注東方其人黑齒因曰黑齒之國也山海經大荒東經有黑齒之國帝俊生黑齒姜姓郭注齒如漆也聖人神化無方故其後世所降育多有殊類異狀之人諸言生者多謂其苗裔未必是親所產黑齒國又見海外東經淮南墬形訓自東南至東北方有黑齒民注云東方國也又脩務訓東至黑齒注黑齒東方之國魏志東夷傳侏儒國去女王國四千餘里又有裸國黑齒國復在其東南案以上諸說俱謂黑齒在東南故屈子招魂以

雕題黑齒屬之南方吳都賦亦以儋耳黑齒類敘而孔晁謂是西遠之夷者蓋以伊尹四方令有正西漆齒之說不知黑齒有二一在東南一在西南伊尹四方令之黑齒在西南即異物志所謂西屠以草染齒染白作黑是也而此黑齒則在東南黑齒乃其水土使然南夷志謂以漆漆其齒不可信當從郭氏齒如漆之說

白民乘黃乘黃者似騏背有兩角

孔注白民亦東南夷 玩孔注亦字東南當作西南

補注王應麟曰山海經白民之國在龍魚北白身被髮有乘黃其狀如狐背上有角乘之壽二千歲東夷傳九夷有白夷漢郊祀歌訾黃注一名乘黃龍翼而馬身黃帝乘之而仙淮南子黃帝治天下飛黃服皁注飛黃乘黃出西方狀如狐背上有角乘之壽三千歲宋符瑞志舜時地出乘黃之馬衡案白民非東南夷也東九夷是白夷非白民白民在西故山海經白民之國列之大荒西經而白民之國亦列之海外西經也白氏卽白民淮南覽冥訓注飛黃出西方則白

民在西信矣墜形訓海外三十六國自西北至西南方有白民高誘注曰白民白身民被髮髮亦白即此白民無疑若大荒東經所云有白民之國帝俊生帝鴻帝鴻生白民等語疑是大荒西經有白民之國下錯簡路氏帝鴻氏紀白民銷姓降居于夷是爲白民之祖注云汲冢周書有白民之國出乘黃孔晁云是東南夷與白州相接又國名紀曰白民山海經云銷姓國而汲冢書言白民之國今之白州孔晁以爲東南夷與白州接衡案羅氏所引蓋合後文白州比闟

孔注而言也其說亦誤乘黃神馬也海外西經云乘黃其狀如狐其背上有角郭注引周書亦云似狐淮南覽冥訓注博物志初學記文選王融曲水詩序李注引周書並云似狐而此作似騏未知孰是兩角初學記引周書作肉角據宋膺異物志大宛馬有肉角數寸北史王劭傳隋文帝所乘騧騮馬脊有肉鞍郎是類也符瑞圖云騰黃者神馬也其色黃一名乘黃亦曰飛黃或作吉黃或曰翠黃衡案吉黃是犬戎文馬之名今以黃字相附遂類舉之誤矣詩傳名物集

覽乃云白氏乘黃犬戎吉黃似騏而有兩角益混

東越海蛤

孔注東越則海際蛤文蛤

補注東越於周爲七閩地史記有東越傳乃越王勾踐之後其地爲閩越亦稱東越仍沿舊名也秦幷天下以其地爲閩中郡徐廣曰今建安侯官是索隱曰小顏以爲即今之泉州建安也衡案今福建福州府周爲七閩地後屬越秦爲閩中郡地漢五年爲閩越國三國吳屬建安郡隋平陳郡廢改曰泉州唐武德

六年復置泉州是爲古東越地也海盒一名陸見爾雅其狀圓而厚外有紋縱横一名瓦屋子即蚶子也蚶之大者爲洪蚶臨海水土記蚶徑四尺背似瓦壟文即此困學紀聞云周書王會東越海盒或誤爲侮食而王元長曲水詩序用之其別風淮雨之類乎衙案文選王融曲水詩序云侮食來王李善注引周書東越侮食蓋以形近而訛也

歐人蟬蛇蟬蛇順食之美歐王本作甌

孔注東越歐人也比交州蛇特多爲上珍也王本無比特多

三字盧文弨曰比者猶言近來

補注王應麟曰山海經甌居海中注今臨海永寧縣即東甌在歧海中漢以東甌地立回浦縣後漢以章安縣之東甌鄉置永寧縣輿地廣記溫台處皆東甌地楊氏南裔異物志蚺爲大蛇既洪且長采色駁犖其文錦章食豕吞鹿腴成養創賓享嘉宴是豆是觴

衛案一統志浙江溫州府處州府春秋時俱屬越漢初爲東甌國地即王伯厚所據以爲甌人者竊疑東甌即東越不得分爲二國此甌人當是西甌即淮南

人間訶所謂西甌也漢書南粤王傳佗以兵威財物
賂遺閩粤西甌駱役屬焉師古曰西甌卽駱越也言
西者以别東甌也漢書南粤傳又云西有西甌東有
閩粤寰宇記永嘉爲東甌鬱林爲西歐郡國志又謂
鬱林是西越栄永嘉在浙江温州鬱林在廣東是東
越卽東甌歐人卽西越不當混合爲一孔注似爲東
越歐人誤矣史記南越傳索隱引廣州記交趾九眞
二郡卽甌駱也通典貴州古西甌駱越之地尋按諸
說歐人當在今廣東廣西境葢其土俗喜啖蚺故淮

南子云越人得蚺蛇以爲上品葢指此也王氏以此爲東甌而以下文且甌爲西甌失之蟬蛇路史國名紀引作鱓蛇蟬鱓古通用倦遊雜錄云嶺南人好啖蛇易其名曰茅鱓是也

於越納冂

孔注於越越也

補注舊本於越上衍姑字路史國名紀云姑於見王會解又云東越越之分封顧余者號東越又云越一曰於越王會解有於越國徐文靖曰案王會有姑於

越納之文若以姑於爲一國則於屬上若以於越爲一國則於屬下羅氏兩引王會其旨失矣衡案羅氏所云姑於疑即下文之姑妹於越一曰于越春秋定公五年於越入吳杜預曰於發聲也孔穎達以爲越是南夷夷有此發聲漢書貨殖傳注引孟康曰于越南方越名也師古曰于發語聲也戎蠻之語則然于越猶勾吳也王應麟曰納謂納貢案王本直將納下空方刪去故以納貢訓納其實非也通雅曰有納文者曰納布案王會圖於越納注謂納貢也此指諸國王注

各書貢物而於越總言納字非也必其時已有細納緆積之布矣管城碩記曰案沈約宋書高祖微時有納布衫襖等皆是敬皇后手自作齊王融有謝竟陵王賜納裘啟陳江總有山水納袍賦後魏李平傳賜平縑物百段紫納金裝衫甲一領梁簡文帝有謝賜鬱泥納袈裟表劉孝綽有謝越布啟曰比納方綃旣輕且麗納布之名蓋起於漢周初想未有也據朱本草圖經有納𪓟蘇頌曰𪓟之無裙而頭足不縮者名曰納字亦作魶漢書音義曰魶鯢魚相如子虛賦禺

禺鱸魶是也周書云東越海盒甌人鱓蛇姑於越納以類言之納龜鱓蛤皆水族也何得以納爲納布衡案位山之駁方氏謂納布之名始於漢是也而以納爲龜又以爲卽魶則大錯矣案納者鰨也卽前見也是魚不是龜廣志謂鯢魚四足如龜特不過狀其形耳案諸說都撇卻本文納下空方一字故糾纏納字實以名物鑿矣惔禹貢百里賦納總二百里納銍三百里納秸則此云納口者當是粟米之類故重其物特云納以貢之也不然下文直言長沙鼈此何不可

言於越鼃而乃特變文音納乎正字通解於越納如

通雅之說亦誤

姑妹珍 妹亡結反

孔注姑妹國後屬越

補注王應麟曰越語句踐之地西至於姑蔑注今大末與地廣記衢州龍游縣本姑蔑越西鄙春秋公及邾儀父盟于蔑公羊穀梁作昧亡結反妹亦蔑字也珍謂珍物衡案隱元年盟于蔑杜注蔑姑蔑魯地魯國卞縣南有姑城案其地在今兖州府與定公十二

年敗諸姑蔑是一地此姑蔑屬越在今浙江衢州府龍游縣不得混合爲一呂氏春秋本味篇指姑之東高注指姑乃姑餘山名也在東南方淮南記曰軼鶤雞於姑餘是也又山海經南山經有勾餘山郭注今在會稽餘姚縣南句章縣北路史謂姑於見王會解或即此羅氏又云周書有句餘蓋句越也今周書無句餘案姑於姑餘句餘一聲之轉耳珍謂物之可貴者如蠙珠之類

且甌文蜃太平御覽九百四十一引周書成王時具區獻蜃下引鄭玄注蜃大蛤也案以且甌爲具區又

以孔晁注作鄭注俱誤

孔注且甌在越蜃大蛤也

補注此且甌乃東甌也其地與東越近故東越貢海蛤而且甌亦貢文蜃也國名紀云高陽氏後有且甌即此文蜃一名含漿其小者謂之珧後世所謂江瑤柱也

共人玄貝

孔注共人吳越之蠻玄貝班貽貝也

補注路史顓頊紀百越之屬有供人即共人也又國

名紀高陽氏後有供人或云文頭兵也今之華州元貝貽貝也見爾雅郭注黑色貝也

海陽大蟹

孔注海水之陽一蟹盈車楊愼山海經補注引汲冢王會篇云海陽人貢大蟹其殻專車蓋合正文與孔注言之

補注王應麟曰史記蘇秦曰楚東有海陽山海經大蟹在海中又女丑有大蟹注廣千里玄中記北海之蟹舉一螯能加於山身故在水中衡案山南爲陽水北爲陽此蓋國於海水之北者國名紀海陽見王會

解漢之揭揚今潮之海陽縣案漢志揭陽在南海郡今爲廣東嘉應州地又潮州府海陽縣本漢南海郡揭陽縣地有海陽山其海陽故城在海陽縣東元和志本漢揭陽縣地晉於此立海陽縣屬義安郡南濱大海故曰海陽寰宇記引南越志縣南十二里卽大海衡謂王會篇所云海陽當是漢志遼西郡之海陽案呂氏春秋恃君覽夷穢之鄉大解陵魚大解卽大蟹也穢卽濊貊合之元中記北海之說則此國蓋在東北故山海經女丑有大蟹列之大荒東經而海內

北經類敘大蟹在海中於朝鮮列姑射之交也若在廣東潮州府則南海而非北海矣郭氏山海經注謂大蟹廣千里不足信

自深桂

孔注自深亦南蠻也

補注謝墉曰自深當即鼻深衛案自當作目路史國名紀高陽氏後有目深國即山海經深目之國是也互見海外北經大荒北經尸子亦云四夷之民有深目者然則深目目深互文耳蓋其地近南故產桂即

交趾肉桂之類

會稽以鼉皆西嚮王本皆下有面字

孔注其皮可以冠鼓自大麈以下至此向西面也

補注王應麟曰越絕傳禹封大越上苗山會計更名會稽山山海經江水多鼉注似蜥蜴長二丈有鱗彩皮可以冒鼓詩鼉鼓逢逢疏云四足長丈餘甲如鎧皮堅厚宜冒鼓衡案會稽之山已見山海經此盜因山以立國者山在今浙江紹興府會稽縣東南三十里秦漢皆爲會稽郡地國名紀王會解有會稽或云

卽越蓋白一國

正北方義渠以茲白茲白者若白馬鋸牙食虎豹王融曲水詩序注引周書西方正北曰義渠獻茲白茲白者若馬鋸齒食虎豹

孔注亦在臺北與大塵相對義渠西戎國茲白一名

駮

補注王應麟曰西羌傳涇北有義渠之戎地理志北地郡義渠道秦縣也括地志寧原慶三州秦北地郡戰國為義渠戎國之地爾雅駮如馬鋸牙食虎豹山海經中曲山有獸如馬而身黑三尾一角虎牙爪音

如鼓名曰駮食虎豹可以禦兵博物志兹白狀如酋耳尾長參其身食虎豹說苑師曠曰駮之狀有似駮馬衡案漢匈奴傳岐梁涇漆之北有義渠之戎一統志甘肅慶陽府春秋戰國義渠戎地又郁郅故城今安化縣治本義渠戎地又義渠故城在寧州西北元和志寧州古公劉邑周爲義渠戎國秦爲北地郡地駮馬鋸牙食虎豹見爾雅與海外北經而西山經中曲之山所載形狀稍異博物志所云葢以下文央林酋耳混入誤矣

央林以酋耳酋耳者身若虎豹尾長參其身食虎豹

孔注央林戎之在西南者

補注王應麟曰山海經林氏國有珍獸大若虎五彩畢具尾長於身名曰騶吾乘之日行千里注六韜云紂囚文王閎夭之徒詣林氏國求得此獸獻之紂大說乃釋之吾亦作虞書大傳散宜生之於陵氏取怪獸大不辟虎狼間尾倍其身名曰虞注間大也虞蓋騶虞也周書曰英林酋耳於陵英林音相邇其是乎淮南子散宜生得騶虞雞斯之乘衡案書大傳於陵

氏六韜作林氏國蓋陵林古通用也郝懿行海內北經注謂即王會篇之央林以林氏國所產之騶虞與酋耳形狀相類郭氏圖贊云怪獸五彩尾參其身矯足千里儵忽若神是謂騶虞詩嘆其仁即是物也瑞應圖云耳似虎而大見虎豹即殺之太平即至

北唐以閭閭似隃冠冠盧本作冠

孔注北唐戎之在西北者射禮以閭象爲射器

補注王應麟曰山海經縣雍之山其上多玉其獸多閭注閭即羭也似驢而歧蹄角如麢羊一名山驢

諸之山其獸多閭荆山多閭女几之山多閭風雨之
山多閭鄉射禮於郊則閭中注閭獸名如驢一角或
曰如驢歧蹄北唐即晉陽也詩晉謂之唐傳曰晉居
深山戎狄之與鄰鄧立誠曰案北唐者漢書地里志
中山國唐縣注堯山在南應劭曰故堯國也唐水在
西張晏曰堯爲唐侯國於此堯山在唐東北望都界
孟康曰晉荀吳伐鮮虞及中人今中人亭據此數說
斯則北唐之的解也必加北者所以别于晉陽之唐
及當陽春陵之上唐鄉也衡案山海經綸山美山即

谷之山皆多閭並見中山經彙是物似羊非羊似驢非驢故廣志直謂之驢羊也廣志引見初學記然則正文隃即羭字之誤葢謂閭似羭也寇字當衍南史滑國野驢有角即閭又西山經錢來之山有獸其狀如羊而馬尾名曰羬羊郭注今大月氏國有大羊如驢而馬尾

渠叟以䶂犬䶂犬者露犬也能飛食虎豹文選王融曲水詩序注引渠搜獻䶂犬䶂犬露犬也能飛食虎豹

孔注渠叟西戎之別名也

補注王應麟曰禹貢渠搜地里志朔方有渠搜縣水經河自朔方東轉經渠搜縣故城北西域圖記鉢汗國在葱嶺之西五百餘里古之渠搜國山海經馬成之山有獸如白犬而黑頭見人則飛露犬蓋此類衡案䮿犬獵犬也露有虛音說苑所謂韓氏之盧是也故能飛食虎豹王氏所引山海經見北山經案此獸名曰天馬是馬不是犬且不云食虎豹通雅亦謂䮿犬即山海經馬成山之露犬蓋由王說而誤案山海經並不云此是露犬大戴禮少閒篇注渠搜貢處犬

虡蓋盧字之誤今孔本汪本大戴禮並據王念改作盧字徐文靖管城碩記謂曹操經白狼山逢獅子忽一物如貍跳上獅子頭獅子伏不敢起即是此物不可據盧文弨曰案盧䶃此敎反能飛食虎豹之屬正此是也說文䶃胡地風犬王本從李善注文選作䶃云一作䶃之若切案䶃乃小鼠李注或字譌不可從

樓煩以星施星施者珥旄

孔注樓煩北狄也施所以爲旄羽珥盧文弨曰李善注甘泉賦流星旄以電爥引樓煩星旄星旄者羽旄也北堂書鈔百二十引作樓煩黑旄息羽旗也恐譌衛案說文七篇

㫃部施旗旖施也从㫃也聲齊欒施字子旗知施者

旗也據此則當作星施爲是案欒施字子旗見左昭

三年傳又鄭豐施字子旗見左昭十六年傳又孔子

弟子巫馬施亦字子旗古人名字命意俱相闗合

補注王應麟曰匈奴傳晉北有樓煩之戎伊尹朝獻

商書正北樓煩地理志鴈門樓煩縣故樓煩胡也旄

以旄牛尾山海經潘侯山有獸狀如牛而四節生毛

名曰旄牛注背膝及胡尾皆有長毛爾雅犣牛旄牛

也顏師古曰今謂偏牛楊雄甘泉賦流星旄以電爥

衎子西海文旄衡案一統志山西寧武府春秋樓煩

地又忻州有樓煩故城在靜樂縣南七十里又代州

樓煩故城在崞縣東古樓煩國又保德州戰國爲樓煩地呈施蓋即熊旗五游以象伐星之類珥旄謂以捲牛尾析而着旗之兩旁也

卜盧以紈牛紈牛者牛之小者也盧文弨曰紈字舊脫初學記有之又見李善注或誤作紈衡案王融曲水詩序紈牛露犬之玩李善注引周書曰卜盧國獻紈牛紈牛小牛也又王勃乾元殿頌紈牛露犬之貢俱誤作紈

孔注卜盧盧人西北戎也今盧水是

補注王應麟曰牧誓微盧彭濮人注盧在西北立政夷微盧烝括地志房州竹山縣及金州古盧國左氏

傳有盧戎紈與綵同詩有捄其角捄曲貌穀梁傳斛角注球球然角貌衛案唐房州即今湖北鄖陽府房縣秦漢之房陵縣也舜封堯子丹朱于房即此地春秋時爲房子國其竹山縣則爲秦上庸縣地漢屬漢中郡本周之庸國王氏引括地志以爲古盧國不知何據左傳文十四年廬戢黎廬與盧同杜注今襄陽中廬縣段長基歷代疆域表引元和志云秦時謂之伊廬項羽亡將鍾離眛家在伊廬是也衛案後漢郡國志東海郡有伊廬鄉注史記曰鍾離眛家在伊廬

則伊盧在東海郡中盧在南郡相去甚遠段氏引以注中盧誤矣案今湖北襄陽府南漳縣東春秋盧戎地於晉屬襄陽郡晉地理志襄陽無盧水且不在成周西北水經注濰水又北右合盧水即久台水地理志曰水出琅邪横縣故山王莽之令邱也山在東武縣故城東南世謂之盧山也齊地記曰東武城南有盧水案其地在漢志琅邪郡此所謂盧即職方兖州之浸也當在成周東南與所謂西北戎亦不合然則卜盧果何屬案卜與濮通此必在百濮左右故曰卜

盧然亦東南蠻非戎也若必從孔氏西北戎之說則漢書西域傳戎盧國可以當之今新疆巴爾呼都克為漢戎盧國紈同紈見廣韻集韻又通作觩詩兕觵其觩是也穀梁注見成七年解當作觓爾雅紈觵也考工記角長二尺有五寸三色不失理謂之牛戴牛益謂此牛之角復有一牛之直故曰戴然則王會紈牛當亦指其角而言也寰宇記九德出果下牛此云牛之小者當類是

區陽以鼈封鼈封者若彘前後有首盧文弨曰舊本鼈封不重從洪容齋及王本補衡案周文歸區陽以鼈何封者若彘何蓋不知鼈封即山海經之并封又於注內添封大也三字眞杜撰矣

孔注區陽亦戎之名

補注胡應麟曰王會怪鳥奇獸多出入山海經其稱區陽以鼈封鼈封者若彘前後有首孔氏無注王伯厚補云盛宏之荆州記武陵郡西有陽山山有獸如鹿前後有頭常以一頭食一頭行然不明言鼈封考山海經第七卷并封在巫咸東其狀如彘前後皆有首蓋即此物也衛棨并封見海外西經又大荒西經大荒之中有山名曰䴪鏊有獸左右有首名曰屏蓬郭注即并封也語有輕重耳郝懿行以左右有首與

海外西經前後有首之文不同遂謂似非一物不知準以一頭食一頭行之說此物實是左右有首橫布之則若前後有首也故山海經又云赤水之西流沙之東有獸左右有首名曰跊踢又延維左右有首亦見山海經吳任臣山海經廣注引游氏臆見云西區陽有跰封謂之兩頭鹿衡案區陽上不應添西字又以爲兩頭鹿俱誤又引史記云神功元年安國獻兩首犬亦幷封類案古來兩首物甚多兩頭蛇見爾雅郭注兩頭鹿見華陽國志博物志雙頭雞見集異志兩首龜見山堂肆考兩頭虱見酉陽雜俎

規矩以麟麟者仁獸也

孔注規矩亦戎也麟似鹿牛尾一角馬蹄也

補注規矩國名無考盧從王本作規規亦無考故仍從舊王應麟曰爾雅麐麕身牛尾一角角端有肉陸璣疏云音中鐘呂行中規矩不履生蟲不踐生草王者至仁則出宋符瑞志成王時麒麟游苑衡案說苑辨物麒麟行步中規折旋中矩廣雅亦云然則規矩命國其殆以此歟

西申以鳳鳥鳳鳥者戴仁抱義掖信舊本掖信下有歸有德三字

孔注其形似雞王本作似鶴誤蛇首魚尾戴仁向仁國抱義懷有義掖信歸有信也舊本歸有信也作歸有德之君也

補注後漢西羌傳宣王征申戎疑即此西申也山海經南山經丹穴之山有鳥其狀如雞五采而文名曰鳳凰首文曰德翼文曰義背文曰禮膺文曰仁腹文曰信又海內經所載與此小異韓詩外傳天老曰夫鳳象鴻前麟後蛇頭而魚尾龍文而龜身燕頷而雞喙戴德負仁抱忠挾義說苑辨物鳳首戴德項揭義背負仁心信智翼挾義衷抱忠足履正尾繫武抱朴

子曰木行爲仁爲青鳳頭上青故曰戴仁也金行爲義爲白鳳纓白故曰纓義也火行爲禮爲赤鳳背赤故曰負禮也水行爲智爲黑鳳胸黑故曰向智也土行爲信爲黃鳳足下黃故曰蹈信也

氐羌以鸞鳥

孔注氐羌地羌不同故謂之氐羌今謂之氐鸞大（王本作文）於鳳亦歸於仁義者也

補注王應麟曰商頌自彼氐羌牧誓羌髳說文西方羌从羊地理志隴西有氐道羌道氐夷種名羌即西

戎婼羌之屬括地志隴右岷洮叢等州西羌也黄氏曰羌古姜姓三苗之後居三危爾雅疏戎類曰耆羌山海經氐羌乞姓賈捐之曰成王地西不過氐羌山海經女牀之山有鳥狀如翟而五彩文名曰鸞鳥見則天下安寧說文鸞赤色五彩雞形鳴中五音頌聲作則至成王時氐羌獻焉漢蔡衡曰凡象鳳者五多青色者鸞徐鍇曰鸞似鳳而青與說文異瑞應圖鸞鳥赤神之精鳳皇之佐尚書中侯周公歸政於成王太平制禮鸞鳥見禽經鸞鳴噰噰鳳鳴喈喈淮南子

羽嘉生飛龍飛龍生鳳皇鳳皇生鸞鳥衡案一統志四川龍安府松潘衛古氐羌地又甘肅階州陰平故城在文縣西北古氐羌地鸞鳥狀如翟見山海經西山經郭注周成王時獻之即指此說文瑞應圖俱謂鸞鳥赤色蔡衡徐鍇及埤雅並云青鳳爲鸞而禽經則又云黃鳳謂之鸞殆所謂傳聞異詞者歟

巴人以比翼鳥

孔注巴人在南者比翼鳥不比不飛其名曰鶼鶼

補注王應麟曰左傳注巴國在巴郡江州縣今渝州

巴縣郡縣志渝州古巴國也閬白二水東南流曲折如巴字故謂之巴武王伐殷巴人助焉其人勇鋭歌舞以凌殷郊後封爲巴子其地東至魚腹西連僰道北接漢中南極牂柯山海經後照始爲巴人爾雅南方有比翼鳥焉不比不飛其名謂之鶼鶼注似鳧青赤色山海經崇吾之山有鳥其狀如鳧而一翼一目相得乃飛名曰蠻蠻見則天下大水注比翼鳥也南山任結匈東南比翼鳥在其東其爲鳥青赤兩鳥比翼管仲曰西海致比翼之鳥瑞應圖王者德及高遠

則至王嘉拾遺記成王時燃邱國獻之狀如鵲而多力張華以爲一青一赤在參嵋山衡案巴國見山海經海內經郭注今三巴是一統志四川重慶府忠州禹貢梁州之域周爲巴國地又重慶府江州故城在巴縣西本巴國都左傳文公九年巴子使韓服告楚請與鄧爲好杜注江州故巴國華陽國志秦惠文王遣張儀滅巴城江州又保寧府禹貢梁州之域春秋巴國别都巴州在府東北古巴國地又有小巴山在南江縣東北周地圖云此山之南卽古巴國水經注

言林邑城外有此翼鳥不比不飛名曰歸飛格至鏡
原鳳類引瑯嬛記云南方有比翼鳳飛止飲食不相
分離雄曰野君雌曰觀諱總名曰長離言長相離著
也共形與鶼鶼不同疑另一物案爾雅謂此鳥在南
方韓詩外傳亦云南方有鳥名曰鶼而管子則云西
海今以王會巴人考之則此鳥蓋出於西南故山海
經既列之西山經而又列之海外南經也

方揚以皇鳥揚盧從王本作煬

孔注方揚亦戎別名皇鳥配於鳳者也

補注方揚疑亦揚越之別種孔謂是戎別名當與下文方人爲一類皋鳥鳳之匹郝懿行以北山經軒轅山黃鳥當之與邵氏爾雅正義同予案大荒北經附禺之山有皇鳥又有黃鳥明是二鳥不得據爾雅皇黃鳥之說謂即一物也再考大荒西經北狄之國有五采鳥一曰皇鳥一曰鸞鳥一曰鳳鳥是方揚所貢皇鳥與上西申之鳳氏羌之鸞同爲太平之應爾雅所謂鶠鳳其雌皇是也孔注所謂皇配於鳳者解釋確切王應麟補注從同邵氏郝氏之說不足據

蜀人以文鵫文鵫者若皐雞

孔注鳥有文采者皐雞似梟冀州謂之澤特也王本也字下多皐一作皐四字

補注王應麟曰蜀見於牧誓華陽國志蜀之先肇於人皇之際黃帝爲子昌意娶蜀山氏後子孫因封焉寰宇記蠶叢始稱王次曰柏灌次曰魚鳧其後杜宇號望帝以褒斜爲前門熊耳靈關爲後戶玉壘峨眉爲池澤禪位於開明自開明而上至蠶叢凡歷千歲秦以其地爲蜀郡衡案寰宇記之說蓋據蜀本紀其

言不足憑信當武王伐紂時蜀與羌髳七國不期來助殆亦子男國耳其先世微末荒略難考稱王據險大都在周末之時案一統志四川城都府禹貢梁州之域自古爲蜀國臧玉林經義雜記曰案皐雞當爲翬雉之誤說文羽部翰天雞赤羽也从羽倝聲逸周書文翰若翬雉一名鷐風周成王時蜀人獻之是許氏所見周書本作翬雉而不作皐雞爾雅釋鳥鶾天鷄郭注鶾鷄赤羽逸周書曰文鶾若采鷄成王時蜀人獻之疏曰文鶾若采鷄者王會篇文也彼云蜀人

以文鶾文鶾者若翬雉是邢氏所見周書亦作翬雉而不作皐雞而徵引原文稱彼以别乎郭注郭注又引作采雞者案釋鳥伊洛而南素質五采皆備成章曰翬疏引李巡曰素質五采備具文章鮮明曰翬孫炎曰翬雉白質五色爲文也是采雞爲翬雉之訓郭注蓋以詁訓代經須人易曉故耳觀邢疏所引知北宋周書不誤以王氏補注考之則南宋本已誤矣後之校刊此書者宜據說文爾雅疏正之又說文鳥部云鶾雉肥鶾音者也从鳥軟聲魯郊以丹雞祝曰以

斯鶡音赤羽去魯侯之咎又見風俗通祀典此亦翬雉之類審諸家所解知孔注似鳧之言爲誤矣

方人以孔鳥

孔注方人亦戎別名孔與鸞相匹也（匹也王本作配者）

補注王應麟曰東夷傳九夷有方夷竹書紀年少康即位方夷來賓孔雀生南海蓋鸞鳳之亞藝文類聚引周書曰成王時西方人獻孔雀山海經南方多孔鳥春秋元命苞火離爲孔雀異物志大如鴈而足高細頸龍背似鳳自背及尾皆珠文五采光耀長短相

炎羽毛末皆員文五色相繞頭戴三毛長寸以爲冠足有距迎晨則鳴相和人指其尾則儛交州記色青尾長六七尺能舒舞足爲節衡案山海經孔烏見海內經類敘於南方贛巨人之末西域傳罽賓國出孔雀續漢書西南夷滇池出孔雀又西域條支國出孔雀然則此鳥多產于西南王氏引東夷傳似不甚合藝文類聚引周書以爲西方人據此則方夷在東方人在西亦猶東屠西屠云爾

卜人以丹沙 沙一作砂

孔注卜人西南之蠻丹沙所出
補注王應麟曰太平御覽卜人蓋今之濮人也伊尹
爲四方獻令正南百濮牧誓注濮在江漢之南爾雅
南至於濮鉛郡國志越巂會無縣華陽國志曰故濮
人邑左氏傳巳濮吾南土也劉伯莊曰濮在楚西南
鄭語楚蚡冒始啓濮禹貢荊州貢丹山海經柜山多
丹粟注細丹砂如粟荀子南海有丹干本草丹砂生
符陵山谷職方氏荊州其利丹銀衡案此卜人卽百
濮之一詳見下四方令丹沙朱砂也

夬用鬬木木一作鬬朵

孔注夷東北夷木生水中木一作朵黑色而光其堅若鐵

補注王應麟曰山海經夷人在東胡東崔豹古今注

烏文木出波斯國集韻鬬木名玆消切南方草木狀

文木樹高七八尺色正黑如水牛角衡桼王氏如孔

晁之說故引山海經之夷人然烏文木不出於東北

也春秋隱公元年紀伐夷夷妘姓今山東膠州卽墨

縣西廢北武城卽古夷國或曰夷用鬬木與肅愼大

塵穢人前見文法一例用字不作以字解路史風俗

通云古用國見毛詩在高唐說見國名紀周世侯伯案高唐亦齊地舊本闕木作闕采采謂采石卽禹貢青州怪石之類山海經槐江之山其陰多采黃金銀漢地理志豫章郡有黃金采則采是黃色又說文四篇今闕鳥名似雛鴿而黃然則闕采之爲黃猶翡翠之爲綠也玉篇闕力進切

康人以桴苡桴苡者其實如李食之宜子

孔注康亦西戎別名也食桴苡卽有身

補注王應麟曰隋書康國康居之後也唐以其地爲

康居都督府漢西域傳康居去長安萬二千三百里說文芣苢一名馬舄其實如李令人宜子周書所說或从以山海經芣苡木也王肅引周書云芣苢如李出於西戎王基駁云王會所記雜物奇獸皆四夷遠國各齎土地異物以爲貢贄非周南婦人所得采芣苢爲馬舄之草非西戎之木也衡案康人康居之先也今新疆左哈薩克右哈薩克爲漢魏康居國地在準爾噶部之西北晉書康居在大宛西北二千里魏書者舌國故康居國也唐書康在密那水南詩釋文

云山海經及周書王會皆云芣苡木也實似李食之宜子出於西戎案山海經西山經崇吾之山有木焉員葉而白柎赤華而黑理其實如枳食之宜子孫說與周書相似然未明言是芣苡蓋康人所獻者自是芣苡木周南所咏者自是芣苡草以其食之均能宜子故異物而同名藝文類聚引郭氏圖贊曰車前之草別名芣苢王會之云其實如李名之相亂在乎疑似此贊分疏極切不易

州靡費費其形人身反踵自笑笑則上脣掩其目食人北

方謂之吐嘍

孔注州靡北狄也費費曰梟羊好立行如人被髮前足指長

補注王應麟曰漢書梟陽費費也人面黑身有毛反踵見人則笑脣蔽其目山海經梟陽國在北朐之西其爲人人面長脣黑身有毛反踵見人笑亦笑左手操管注海內經謂之贛巨人今交州南康郡深山中皆有此物也長丈許脚跟反向健走被髮好笑雌者能作汁灑中人即病土俗呼爲山都南康今有贛水

以有此人因以水名爾雅狒狒如人被髮迅走食人說文成王時州靡國獻𩿧或作狒左思吳都賦𩿧𩿧笑而執格衡桼山海經大荒西經有壽麻之國壽麻卽州靡呂氏春秋任數篇南服壽靡高誘注云西極之國卽此又漢地理志益州郡有收靡李奇云靡音麻然則此國當在西南不當云北狄也故山海經梟陽國列之海內南經蓋以地出梟陽卽以此名其國梟陽卽梟羊淮南汜論訓山出嘄陽高誘注嘄陽山精也人形長大而黑色身有毛反踵見人則笑脣蔽

其目俱與王會所說費費同御覽九百八嶲嶲音舉
其引爾雅說文山海經及圖賛並作嶲嶲案爾雅本
作狒狒說文作嶲讀若費符味切其引周書爾雅並
作嶲嶲海內南經注引周書爾雅並作髴髴爾雅疏
引圖讚作狒狒集韻八未[illegible]或作狒嶲費嶲費廣韻
引說文作嶲扶涕切嶲狒並同案以上諸書所引字
形各異其實一也若吐嘍則又一物案山海經西山
經崑崙之山有獸焉其狀如羊而四角名曰土嘍是
食人廣韻亦云土螻似羊四角其鋭難當觸物則斃

食人蓋卽下文高夷嗛羊羊而四角也此食人北方謂之吐嘍八字定屬高夷下錯簡

都郭生生欺羽生生若黄狗人面能言舊本都郭生生下無欺羽生生四字今據王本補

孔注都郭北狄生生獸名

補注王應麟曰山海經氾林方三百里在狌狌東猩狌知人名其爲獸如豕而人面爾雅猩猩小而好啼注山海經人面豕身能言語今交阯封谿縣出猩猩狀如貛㹠聲似小兒啼荀子曰猩猩能言笑亦二足

無毛博物志若黃狗與周書同左思吳都賦猩猩啼
而就擒淮南萬畢術猩猩知往郭璞贊曰厥狀似猴
號音若嬰水經注形若狗而人面頭顏端正善與人
言音聲妙麗如婦人儔衆都郭國名無考郭注海內
南經引作鄭郭未知孰是生生山海經作狌狌爾雅
作猩猩淮南汜論訓注猩猩北方獸名人面獸身黃
色則都郭爲北狄信矣然蜀志謂封溪縣有獸曰猩
猩南方草木狀亦云猩猩之獸生在野中狀如狏子
交阯武平典古有之則是物葢出西南不當在北方

卷十七

也至其形狀高誘淮南注博物志水經葉榆河注並云若黃狗與王會同山海經則云如豕郭注爾雅以爲狀如雞豘其注海內南經既云狀如黃狗又以爲狀如豚腹似狗其於圖讚則又云厥狀似猴何其互舛若此又郭注海內南經引周書無欺羽二字而於人面下連接頭如雄雞食之不眯八字郝懿行曰其頭如雄雞二句彼文所說奇斡善芳自別一物此注不加剗削妄行牽引似非郭氏原文或後人寫書者羼入之耳衡案郭氏所引斷非後人羼入之語說具

見下又通雅引玉會狡犬戱犬之下忽綴以東郭生生欺羽能逐虎九字豈以生生欺羽爲犬類乎陳大章詩名物集覽引以釋遇犬獲之而不闢其說亦謬

又一切經音義卷三猩猩知人名如豕人面又似黃狗頭如雄雞出交阯封溪聲如小兒啼葢又因山海經邪注而誤

奇幹善芳善芳者頭若雄雞佩之令人不眯皆東嚮

孔注奇幹亦北狄善芳鳥名不眯不忘也此東嚮列次也

補注王應麟曰山海經翼望之山有鳥其狀如烏三首六尾而善笑名曰鵸鵌服之使人不厭注不厭夢也周書云服者不眯或曰眯眯目也善芳太平御覽作獻茅衡案奇榦國名無考格致鏡原引作奇翰誤郝注山海經引作奇餘善芳爲物亦無考鵸鵌見山海經西山經即是王會之欺羽鵸鵌音猗餘與欺羽音相近又即春秋繁露郊語篇所云鴟羽去眯是也鴟羽亦欺羽之轉去眯即不眯高誘淮南注楚人謂厭爲眯然則服之使人不厭即所謂佩之令人不眯

也據此則上文欺羽二字當在此條今本誤刻入上文耳故孔注亦謂善芳是鳥名也余意古本當是都郭生生欺羽生生若黃狗人面能言鵸鴒善笑頭若雄雞佩之令人不昧益一國貢二物故連敘而及郭氏引注山海經截去欺羽二字遂連生生爲一條而以頭若雄雞二語續之則似爲一物矣故水經葉榆河注亦云生生甘美可以斷穀窮年不厭索不厭二字與生生無著則以王會此條古來脫誤已久故引用者承襲而不知其誤也余謂欺羽轉爲鵸鴒鵸鴒

誤爲奇幹而善笑又誤爲善芳自是定論通雅據太平御覽謂鵸鵌即獻茅鳥亦誤王融曲水詩序奇幹善芳之賦李善注引周書曰成王時貢奇幹善芳者頭若雄雞佩之令人不眯竟以奇幹善芳四字聯名失之

北方臺正東高夷嗛羊嗛羊者羊而四角

孔注高夷東北夷高句驪

補注王應麟曰爾雅疏九夷三曰高驪東夷傳高句驪在遼東之東千里南與朝鮮濊貊東與沃沮北與

夫餘按述異記成王時東夷進六角羊亦羣羊之類後漢書冉駹夷有五角羊衛案高夷高句驪之先也一統志古高句驪國在朝鮮咸興府東北漢縣爲元菟郡治後魏書高句驪者出於扶餘自言先祖朱蒙母河伯女夫餘王閉於室中爲日所照引身避之日影又出旣而有孕生一卵大如五升棄之於豕豕不食棄之於路牛馬避之又棄之野衆鳥翼之夫餘王剖之不能破遂還其母其母以物裹之置於煖處有一男破殼而出及其長也字之曰朱蒙其俗言朱蒙

者善射也夫餘國人以朱蒙非人所生將有異志請除之王不聽命之養馬朱蒙每私試知其善惡駿者減食令瘦駑者足食令肥夫餘王以肥者自乘瘦者給朱蒙後狩於田以朱蒙善射則給之一矢朱蒙雖一矢殪獸甚多夫餘之臣又謀殺之朱蒙母陰以告朱蒙棄夫餘東南走中道遇一大水欲濟無梁夫餘人追之甚急朱蒙告水曰我是日子河伯外孫今日逃走追兵垂及如何得濟於是魚鼈並浮爲之成橋朱蒙得渡魚鼈乃解追兵不得渡朱蒙至普述水遇

見三人其一人衣著麻一人著衲衣一人著水藻衣與朱蒙至紇升骨城遂居焉號曰高句驪因以爲氏焉衛案高夷已見王會焉得爲夫餘之别種或曰此言朱蒙是河伯外孫則河伯是夏殷時侯伯焉知非立國於夏乎且其俗謂朱蒙善射則又逢蒙學射於羿而因有善射爲蒙之語也予謂魏書旣以高句驪爲夫餘别種則當先求夫餘立國之始案後漢書夫餘國在元菟北千里本穢地也初北夷索離國王出行其侍兒於後妊身王還欲殺之侍兒曰前見天上

有氣大如雞子來降我因以有身王囚之後遂生男王令置於豕牢豕以口氣噓之不死復徙于馬蘭馬亦如之王以爲神乃聽母收養名曰東明東明長而善射王忌其猛復欲殺之東明奔走南至淹㴲水以弓擊水魚鼈皆聚浮水上東明乘之得度因至夫餘而王之焉此則夫餘立國之始也夫何東明以魚鼈得免而朱蒙又以魚鼈得渡也夫何兩人皆以善射聞而一則以有氣來降一則以日影來照而生也最可疑者東與朱字形相近而明與蒙則又聲之轉也

豈非不知高夷所自始故神其事以爲荒遠之説乎
嗛羊形狀與山海經吐嘍同上文費費下食人北方
謂之吐嘍八字當在此述異記謂周成王時東夷進
六角羊葢四角之誤又西山經錢來之山有獸焉其
狀如羊而馬尾名曰羬羊畢氏沅曰周書王會云高
夷嗛羊嗛羊者羊而四角則亦或當爲嗛聲相近衛
粲羬羊并不云四角疑非若北山經歸山有獸狀如
麢羊四角馬尾而有距其名曰驒當與嗛羊相似
獨鹿邛邛距虚善走也

孔注獨鹿西方之戎也邛邛獸似鼠距虛負蹷而走

也盧本無鼠字今從王本補案羅願爾雅翼引亦有鼠字

補注王應麟曰周書史記篇阪泉氏徙居至於獨鹿

注西戎地名爾雅西方有比肩獸焉與邛邛岠虛比

爲邛邛岠虛齧甘草即有難邛邛岠虛負而走其名

謂之蹷注呂氏春秋曰北方有獸其名爲蹷鼠前而

兔後趨則頓走則顛然則邛邛岠虛亦宜鼠後而兔

前前高不能取甘草故須蹷食之今鴈門廣武縣夏

屋山中有獸形如兎而大相負共行土俗謂之蹷鼠

穆天子傳邛邛岠虛日走五百里宋符瑞志比肩獸王者德及矜寡則至說文作蛩蛩爾雅翼云沈括使遼稱契丹北境慶州之地大漠中有跳兎形皆兎也但前足纔寸許後則幾一尺行則用後足跳一躍數尺止則蹶然仆地此則蟨也邛邛岠虛葢二獸子虛賦曰蹵蛩蛩轔距虛張揖以爲邛邛青獸其狀如馬距虛似驘而小說苑孔子曰蛩蛩距虛見人將來必負蟨以走二獸者非性愛蟨也爲得甘草而貴之故也然則負蟨者或邛邛或距虛二物不相須也周書

王會注以爲卬卬似鼠距虛負而走則是以卬卬爲蟨也與爾雅說苑異今不取衛案獨鹿即濁鹿一作涿鹿在今北直順天府涿州北括地志嬀州懷戎縣東南五十里有涿鹿山懷戎縣今宣府鎮懷來衛山海經海外北經北海內有獸其狀如馬名曰騊駼有獸焉其名曰駮狀如白馬鋸牙食虎豹有素獸焉狀如馬名曰蛩蛩郭注即蛩蛩距虛也一走百里見穆天子傳郭又于穆天子傳卬卬距虛走百里下注云亦馬屬尸子曰距虛不擇地而走山海經云蛩蛩距

虛并言之耳合觀郭氏二說則卭卭距虛爲馬屬信矣故山海經以蛩蛩與騊駼駮並言也相如子虛賦蹵蛩蛩轔距虛軼野馬轊陶駼案雖分蛩蛩距虛爲二然與野馬陶駼並舉則亦以爲馬屬矣故張揖注云蛩蛩青獸狀如馬距虛似鸁而小李善曰蛩蛩即距虛變文互言耳然則蛩蛩距虛有四字連名者獨虎卭卭距虛是也有單呼距虛者孤竹距虛是也似鸁似馬當亦相去不遠乃有爲鼠後兎前之說者則始于爾雅比肩獸注蓋本淮南注前足長後足短之

說故其圖讚亦云蟨與岠虛乍兎乍鼠長短相濟彼我俱舉有若自然同心共膂也羅氏爾雅翼曰蟨惟前短而後長故不能走而有待於物然猶獸之長理若長前而短後豈直不能負物而已哉直便無是理也此說明快其引說苑二獸之說不可據劉勰謂蛩蛩巨虛其實一物是也蓋惟蛩蛩距虛爲一物故與蟨爲比肩若謂負蟨者或邛邛或距虛則連類而三矣其於比肩之義何居焉羅又謂周書注邛邛似鼠距虛負而走則是以蛩蛩爲蟨也今案孔氏注是距

虛負蟨而走乃脫引一蟨字遂謂與爾雅說苑異誤矣盧文弨曰正文似本無距虛二字爾雅卭卭岠虛是一獸今此下文別出孤竹距虛注於卭卭則云似距虛於距虛則云野獸則知卭卭下距虛二字乃後人以所習聞妄增耳且於注中獸似下又增一鼠字則下距虛二字反贅矣故知此不與爾雅及呂氏春秋所說同也衡案孔注鼠字誤當作馬其所謂距虛負蟨而走者蒙上卭卭而言也若云孔注是卭卭似距虛則下文注距虛亦可云距虛似卭卭矣撲朔迷

離究爲何物

孤竹距虛

孔注孤竹東北夷距虛野獸驢騾之屬

補注王應麟曰爾雅觚竹在北荒地理志遼西令支有孤竹城括地志孤竹故城在平州盧龍縣南十二里殷時諸侯國姓墨胎氏史記正義孤竹君是殷湯正月三日丙寅封相傳至夷齊之父衡粲成王時孤竹君當是子朝中子之後路史國名紀孤竹今平之盧龍東有古孤竹城地道記在肥如南十二里秦之

離支縣漢令支也營州皆其地一作觚羅華注本以孤生之竹可管而名之衡案周初孤竹與令支自爲二國故下文有不令支而齊語亦云北伐山戎剌令支斬孤竹也至秦漢時始併爲一故漢地理志遼西郡令支縣有孤竹城也據一統志今爲土默特二旗地又直隸永平府盧龍縣本商孤竹國尸子距虛不擇地而遠蓀以此物善走與邛邛距虛同故俱有距虛之號一則如馬而大一則似騾而小以爲類鼠兔者并非玉篇駏驢獸似騾崔豹曰驢爲牡馬爲牝即

生騾馬爲牡驢爲牝生駏驉郭注子虛賦曰騨騱駏驉類也騨騱見史記匈奴傳徐廣曰騨音顛巨虛之屬漢匈奴傳作驒奚師古曰巨虛類也李善七發注引范子云千里馬必有巨虛

不令支玄獏

孔注不令支亦東北夷（亦舊譌作皆）獏白狐玄獏則黑狐（詩傳名物集覽云王會屠州有黑豹白豹別名獏）

補注王應麟曰齊語北伐山戎刜令支斬孤竹注二國山戎之與也令支今爲縣屬遼西孤竹之城存焉

括地志令支故城在平州盧龍縣七十里爾雅貘白
豹注似熊小頭庳脚黑白駁能舐食銅鐵及竹骨骨
節强直中實少髓皮辟濕或曰豹白色者别名貘說
文似熊而黃黑色出蜀中南中志曰豹大如驢狀頗
似熊多力食鐵所觸無不拉廣志曰豹色蒼白其皮
温煖衡案令支一曰離支見史記齊世家一曰泠支
見管子小匡一曰離枝見管子輕重甲一曰零支見
路史後紀注一曰令疵見呂氏春秋有始覽與淮南
墬形訓注云令疵在遼西一曰令止見淮南時則訓

本作令正太平御覽作令止案即令支也漢志遼西郡令支應劭曰令音鈴孟康曰支音祇師古曰令又音郎定反一統志直隸永平府令支故城在遷安縣爲春秋時山戎屬國漢置縣魏書地形志肥如縣有令支城通典盧龍有漢令支縣城楊愼曰古地名多有不字如春秋之不羹華不注史之不周不姜不耐山海經之不津不庭不其或曰不讀作丕古無丕字不即丕也據此則不令支及下文不屠何之不俱當讀如丕然華不注之不音柎以爲盡作丕字讀亦非

通雅載不字有十四音則王會二不字係助語辭如句吳于越之類

不屠何青熊御覽九百八引王會成王時不屠何國獻青熊一一字添誤

孔注不屠何亦東北夷也

補注王應麟曰管子曰桓公敗胡貉破屠何注屠何東胡之先也說文熊似豕山居冬蟄上林賦注犬身人足鄧立誠曰漢書地理志遼西郡有令支縣又有徒河縣徒河即屠何也晉時有段務勿塵者徒何種也衡案王會屠何與東胡並稱是周初現有此二國

管子小匡注以爲東胡之先誤矣漢徒河縣在今直隸永平府大寧衛東百九十里錦縣西北段長基歷代疆域表曰相傳虞舜時已有此城劉恕外紀周惠王三十三年齊桓公救燕破屠河即徒河

東胡黄羆

孔注東胡東北夷

補注王應麟曰伊尹朝獻商書正北東胡山海經大澤在雁門北東胡在大澤東匈奴傳燕北有東胡服虔曰烏桓之先也後爲鮮卑爾雅羆如熊黄白文似

熊而長頭高脚猛憨多力能拔樹木關西呼曰貑羆

詩韓侯其追其貊奄受北國獻其貔皮赤豹黄羆大

於熊淮南子散宜生得玄豹黄羆以獻於紂衡案一

統志鮮卑今爲敖漢奈曼喀爾喀蘇尼特諸旗地羆

狀如麋其川在尾上見北山經孫炎曰羆如熊而力

大於熊有赤黄二種而古者以黄爲貴

山戎戎菽

孔注山戎亦東北夷戎菽巨豆也

補注王應麟曰匈奴傳燕北有山戎山戎越燕而伐

齊史記正義今奚國杜預曰山戎北狄無終三名一也括地志幽州漁陽縣本山戎無終子國漢書戎菽注胡豆也管子桓公北伐山戎以戎菽遍布於天下衡案一統志山戎今爲喀喇沁三旗地段長甚歷代沿革表曰直隸承德府即雍正元年熱河廳舊境古爲山戎北齊庫莫奚地隋唐併爲奚地爾雅戎菽謂之荏菽郭注即胡豆也大雅生民蓺之荏菽毛傳荏菽戎菽也鄭箋戎菽大豆也案爾雅釋詁戎壬大也壬通作荏故荏菽戎菽皆謂之大豆也晉莊公三十

年齊人伐山戎三十一年齊人來獻戎捷穀梁傳曰

戎菽也

其西般吾白虎黑文黑文二字舊缺鄭志張逸問詩傳白虎黑文答曰周書王會云又詩釋文騶虞義獸也白虎黑文不食生物有至性之德則應之周書王會草木疏並同今據補

孔注次西也般吾北狄近西

補注王應麟曰說文虓白虎也爾雅甝白虎瑞應圖白虎者仁而不殺王者不暴虐恩及行葬則見淮南子散宜生得白虎獻紂衡案般吾國名無考王引淮南子散宜生得白虎獻紂參以詩騶虞釋文則與上

文央林酉耳相似釋文又有尾長于身不履生草之説則是既以酉耳爲騶虞又以白虎爲騶虞必有一誤余謂上文酉耳蓋另一獸但以尾長參其身與山海經騶虞同後人遂誤以爲即騶虞也此白虎黑文乃眞騶虞若散宜生所得以獻之紂者乃是騶吾馬故曰得騶虞雞斯之乘案太平御覽八百九十騶虞引説文詩國風騶虞草木蟲魚疏山海經竝以白虎爲騶虞也又引宋書曰元嘉二十六年琅邪有白騶虞據此則般吾即般虞蓋以地出騶虞即以是名其

國如山海經梟陽國楊雄傳後崗塗師古曰國名出
騶騤是已般音班周禮天官內饔馬黑脊而般臂螻
注般臂臂毛有文楊雄羽獵賦履般首如淳曰般音
斑斑首虎之頭也張衡西京賦奮鬣被般李善注毛
萇曰鬣般虎皮也上林賦曰被斑文般與斑古字通
又史記司馬相如傳般般之獸樂我君王注謂騶虞
也則般吾即騶虞之轉洵爲定論矣或以朱曾瑣邪
出騶虞證之則般吾國當在周靑州左近漢地理志
濟南郡有般陽縣般即般蓋以其地在般水之陽也

山海經北山經沂山般水出焉而東流注於河沂山當即職方青州之鎮山郝懿行以漢志平原郡般當之又謂即爾雅九河鉤盤案平原郡濟南郡俱隸青州刺史部與琅邪郡之隸徐州者相去不遠則般亦或即以般水得名亦通故並錄之以俟考焉

屠州黑豹

孔注屠州狄之別也

補注王應麟曰晉史北狄有屠各山海經幽都山多玄虎玄豹散宜生得玄豹列女傳南山有玄豹爾雅

虪黑虎衡案異物志有西屠爾雅疏有東屠又路史黃帝戮蚩尤遷其善者於鄒屠高陽氏取於鄒屠此屠州未知孰是幽都山見海內經又中山經即谷之山多玄豹

禺氏騊駼

孔注禺氏西北戎騊駼馬屬

補注王應麟曰管子曰堯舜之王北用禺氏之玉注西北戎名又曰玉幣有七筴禺氏邊山之玉一筴也伊尹朝獻商書正北以騊駼爲獻山海經北海內有

獸狀如馬名騊駼色青字林北狄良馬也一曰野馬瑞應圖云幽隱之獸也有明王在位即至說文野馬之良也史記匈奴奇畜則騊駼音陶塗顏師古曰出北海中其狀如馬非野馬也楊雄傳前番禺後陶塗師古曰國名出騊駼段玉裁曰如淳漢書注曰騊駼野馬也葢用爾雅爲訓顏氏駮之誤矣騊駼爲北野之良馬故謂之野馬衛棻管子北用禺氏之玉見揆度篇爾雅騊駼馬野馬說文騊駼北野之良馬也

大夏兹白牛兹白牛野獸也牛形而象齒盧文弨曰舊本正文止大夏兹

白牛五字下十一字誤入注中惠據洪本增入正文與初學記正同今從之衡案玆白牛野獸也六字當衍不然則孔注何用復述耶

孔注大夏西北戎玆白牛野獸似白牛形

補注王應麟曰伊尹朝獻商書正北大夏山海經國在流沙外者大夏史記大夏在大宛西南二千餘里管子桓公西伐大夏涉流沙衡案流沙見海內東經史記大宛傳王所引管子見史記封禪書三國志注引魏略曰西王母西有修流沙修流沙西有大夏玆白牛卽駮牛案前有玆白馬是駮馬白駮音相近說

文犨駁牛也

犬戎文馬而赤鬣縞身盧本文馬二字重無而字目若黃金名古黃之乘古黃初學記二十九引同山海經郭注引作吉黃

孔注犬戎西戎之遠者

補注王應麟曰山海經白犬有牝牡是爲犬戎書傳文王伐犬夷匈奴傳西伯伐畎夷即畎戎也隴以西有畎戎山海經犬封國曰犬戎國狀如犬有文馬縞身朱鬣目若黃金名曰吉量乘之壽千歲注六韜曰文身朱鬣眼若黃金項若雞尾名曰雞斯之乘書大

傳散宜生之犬戎氏取美馬駮身朱鬣雞目者取九六焉瑞應圖騰黃神馬一名吉光說文馬赤鬣縞身目若黃金名曰媽吉皇之乘周文王時犬戎獻之衡案犬戎黃帝之後見大荒北經又犬封國曰犬戎國見海內北經說文文王二字誤案文王時是取之犬戎以獻紂而犬戎來獻則成王時也

數楚每牛每牛者牛之小者也

孔注數楚北戎

補注王應麟曰爾雅注犤牛庳小今之㹀牛也又呼

果下牛衡栥地名以類舉者如西虢北虢南虢南亳北亳西亳以及黑齒金齒銀齒東越西越百濮百粤之類不可枚舉則數楚疑亦荆楚之别如國名紀所載西楚南楚東楚以及鄀郢諸國是已郭注犤牛謂果下牛出廣州高涼郡又寰宇記謂九德出果下牛則數楚當是南蠻孔謂是北戎不可考邵晉涵曰犤牛卽每牛也犤每聲之轉廣韻以犤爲牛名卽犤牛之别名盧文弨曰西山經黄山有獸如牛而蒼黑大目其名曰𤛓郭音敏畢氏沅云廣韻音切同美與此

每牛合

匈奴狡犬狡犬者巨身四足果皆北嚮四足舊作四尺

孔注匈奴北戎盧從王本北戎上有醎字今從舊本刪

補注王應麟曰伊尹朝獻商書正北匈奴晉灼曰堯時曰葷粥周曰獫狁秦曰匈奴通典云山海經已有匈奴爾雅疏五狄三曰匈奴說文狡少狗也匈奴有狡犬巨口而黑身衡案匈奴見海內南經又見王會解及伊尹四方令非始於秦也狡狗見淮南俶眞訓顏注急就篇狡犬匈奴中大犬也鉅口而赤身瑞應

圖云匈奴獻豹犬錐口赤身四足二說俱云赤身與說文異案羅山記云羅山有獸小似猿猴名果下豹與瑞應圖豹犬之說合然師古謂是匈奴中大犬則又非小似猿猴之謂或曰果與倮通謂鞹毛也蓋如虎豹之屬山海經西山經玉山有獸焉其狀如犬而豹文其角如牛（一作羊）其名曰狡其音如吠犬見則其國大穰郝懿行曰此經狡無犬名周書狡犬又不道有角疑未敢定衡案山海經明云其名曰狡又云其狀如犬其音如吠犬尚有何疑盧文弨曰粱云四足

果蓏足短之稱

樠扶玉目

孔注權扶南蠻目玉玉之有光明者形小也末三字疑衍

補注左傳莊公十八年楚武王克權遷權於那處注南郡當陽縣東南有權城南郡編縣東南有那口城水經注權水東南流逕權城北古之權國也東南有那口城權國疑即權扶昌黎權德輿墓碑云武丁之子降封於權樠江漢國也國名紀云高陽氏後有摧扶案高陽氏後多封於楚摧扶即樠扶之譌今湖北

安陸府古蹟有權城在鍾祥縣西南玉目不知何物

王應麟引相玉書珽玉六寸明自照亦與此不合

白州比閭比問者其華若羽伐其木以爲車終行不敗其華當作其葉

孔注白州東南蠻與白民接也水中可居曰州州中出此珍木案白州既是東南蠻則不得與白民接以白民在西故也

補注王應麟曰爾雅疏戎類有老白廣志櫻一名并閭葉似車輪比閭疑亦并閭之類衡案國名紀三皇之世有白阜國此白州不知卽其後否也比閭卽并

闒史記司馬相如傳仁頻并閭或曰比閭卽花櫚櫚與閭通比則花字形近而誤也舊作北閭誤周文歸藏陳滇子曰車出北閭因其地名之亦非

禽人菅御覽九百九十六菅類引周書成王時會稽人獻以菅下注云會或作禽亦東南蠻菅草堅韌案引作會稽誤

孔注亦東南蠻菅草堅忍盧文弨曰忍讀爲韌

補注國名紀高陽氏後有禽人或謂卽山海經海外南經之羽民亦見淮南墬形訓呂氏春秋求人篇作羽人爾雅白華野菅注茅屬說文菅茅也陸璣云菅

似茅而滑澤無毛根下五寸中有白粉者柔韌宜爲

索

路人大竹

孔注路人東南蠻貢大竹

補注王應麟曰鄭語北有路洛泉徐蒲注皆赤翟隗

姓春秋赤狄潞氏山海經長石山之西有共谷其中

多竹衛邱之山竹林在焉大可爲舟岳山詩竹生焉

衛案赤狄潞氏在今山西潞安府潞城縣漢志上黨

郡潞縣古潞子國是也與所謂東南蠻不合據一統

志云南有潞江此路人當在其左近大竹卽所產濮竹也或謂四川順慶府有大竹故城在渠縣北以邑界多產大竹爲名據此則路人亦當是西南夷

長沙䜌

孔注特大而美故貢也

補注王應麟曰湘川記秦分黔中以南長沙鄉爲長沙郡衡案一統志湖南長沙府古三苗國地春秋戰國屬楚秦置長沙郡漢爲長沙國通典有萬里沙祠故曰長沙又岳州府衡州府永州府寶慶府桂陽州

道州郴州俱秦長沙郡地今據王會已有長沙則秦

漢盖沿舊名也國名紀陶唐氏後有長沙

其西魚復鼓鐘鍾牛

孔注次西列也魚復南蠻國貢鼓及鐘而似牛形者

美遠致也

補注王應麟曰左傳魚人注魚復今巴東永安縣十

道志夔州春秋時魚國漢爲巴郡魚復縣鐘牛未詳

衡案左傳魚人注見文公十六年國名紀魚魚人遂

楚者長楊之魚城也舊云魚復衡案魚復已見王會

漢置縣因此一統志四川夔州府奉節縣春秋時庸國之魚邑鼓鐘鐘牛孔謂貢鼓及鐘而似牛形者其解似鑿案山海經中山經有鼓鐘山水經河水注有鼓鐘城此鼓鐘是國名蓋依山以立國者其地產銅故鑄鐘以獻而刻牛形于上以爲飾故謂之鐘牛蓋謂鼓鐘貢鐘牛而魚復所貢疑闕或謂當是魚復牛鼓鐘鐘其文法蓋如禽人菅長沙鼈一例後人傳寫訛錯而孔氏亦未及挍正也

蠻揚之翟

孔注揚州之蠻貢翟鳥

補注王應麟曰禹貢揚州有島夷翟雉名徐州羽畎夏翟左傳注南方曰翟雉爾雅鷮山雉注長尾者疏云今俗呼山雞衡案路史後紀注揚越即揚粤是爲蠻揚或作揚雩非也又國名紀揚雩吳起爲楚收揚越者揚州之分下注云見王會解或云蠻發州也本屬會稽郡國志云東越之地爲東揚州衡案今本王會解無揚雩二字疑即後紀注所謂蠻揚也雩當是粤之譌史記南越傳秦并天下略定揚越置桂林南

海象郡張晏曰揚州之南越也揚越漢書南粤王傳作揚粤師古曰本揚州之分故名揚粤

倉吾翡翠翡翠者所以取羽

孔注倉吾亦蠻翠羽其色青而有黄也

補注王應麟曰山海經南方蒼梧之邱禮記注蒼梧於周南越之地楚吳起南并蠻越遂有蒼梧漢有蒼梧王趙光後平南粤以其地爲蒼梧郡爾雅翠鷸注似燕紺色生鬱林伊尹朝獻商書正南翠羽異物志曰翠鳥似鷰翡赤而翠青其羽可以爲飾交州記翡

翠出九眞頭黑腹下赤青縹色似鵁鶄衡案蒼梧之邱見海內經戰國策蘇秦說威王曰南有蒼吾國名紀高陽氏後有蒼梧案今廣西梧州府爲古蒼吾地說文翡赤羽雀也翠青羽雀也出鬱林邵氏爾雅正義引博物志翡通身黑惟胸前背上翼後有赤毛翠通身青黃惟六翮上毛長寸餘青其飛則羽鳴翠翡翠翡然因以爲名也（案今本博物志無此文太平御覽亦不見引此語俟考）

其餘皆可知自古之政（孫鑛曰自古之政宜在伊尹字上）

孔注餘謂衆諸侯貢物也言政化之所致也

補注王應麟曰書旅獒曰明王愼德四夷咸賓無有遠邇畢獻方物惟服食器用而此篇諸方致貢無所不有葢遠人來慕以其寶贄而不寶遠物以庶邦惟正之貢乃成王之心也衡案惟正之貢歲有常入此因周公將歸政成王且因東都既成故大會諸侯於其地以示天下無不臣服於成王而四夷亦罔不輸誠來獻其在王朝視之則彼爲異物而以諸國所貢言之則皆爲土產非難得之寶也葢將大一統以示殷遺小腆罔敢竊發故特繼多士多方之誥而爲是

會歟

南人至衆皆北鄉此七字疑當在其餘上

孔注南人南越

補注王應麟曰朱子曰山海經記諸異物飛走之類多云東南或云東首皆爲一定不易之形疑本依圖畫而爲之古人有圖畫之學如九歌天問皆其類愚謂此篇亦然鄭康成注禮許叔重說文皆稽以爲證盖周書著錄于劉略班志非晉時始出汲冢之失其本矣閎覽洽聞之士如郭景純王元長援述者不

一空與禹貢職方並傳敘事之祖也若禹四海異物載於大傳湯四方獻令附於王會合而觀之三代之典粲然矣衡案古人圖畫之學甚重然在成周當日秉筆者依次而序蓋得之目驗非按圖而寫也

伊尹朝獻商書

孔注不錄周書中（錄字舊在周書下今改正）以事類來附（十字舊作正文又以王注言別有此書也六字竄入為伊尹朝獻商書下之注今俱改正）

補注王應麟曰言別有此書也王會俱朝貢事故令附合衡案自此以下蓋另一篇乃商書也如周祝解

前另有殷祝解蓋各自爲篇序書者以其事相類遂附入焉

湯問伊尹曰諸侯來獻或無馬牛之所生而獻遠方之物事實相反不利

孔注非其所有而當遠求於民故不利也

令吾欲因其地勢所有獻之必易得而不貴其爲四方獻令

孔注制其品服之令

補注竹書紀年湯二十五年定獻令卽此事

伊尹受命於是爲四方令曰臣請正東符婁仇州伊慮漚深九夷十蠻越漚鬋髮文身

孔注九十者東夷蠻越之稱（王本稱上有別字）鬋髮文身因其事以名之也

補注王應麟曰符婁後漢東夷傳有夫餘國在玄菟北挹婁古肅愼之國仇州伊慮來詳仇州海中洲漢遼東郡有無慮縣顏氏注卽所謂醫無閭伊慮卽醫閭也漚深卽甌也九夷東夷傳夷有九種曰畎夷干夷方夷黃夷白夷赤夷玄夷風夷陽夷竹書紀年后

芬三年九夷來御孔子欲居九夷爾雅疏九夷一曰玄菟二樂浪三高驪四滿飾五鳧臾六索家七東屠八倭人九天鄙十蠻書武王通道于九夷八蠻職方四夷八蠻蠻類有八天竺咳首僬僥跂踵穿胸儋耳狗軹旁舂爾雅六蠻此言十蠻言其非一而已越禹之苗裔封會稽世本芊姓東越閩君皆其後又交趾之南有越裳國漏亦甌也翦髮垂史記越文身斷髮趙世家云翦髮文身甌越之民也吳世家注常在水中故斷其髮文其身以象龍子故不見傷害地理志

以避蛟龍之害王制東方曰夷被髮文身通典文身國梁時聞焉在倭東北人體有文如獸額上有三文衡案呂氏春秋恃君覽有縛婁國拾遺記成王時有扶婁之國縛婁扶婁符婁一也仇州或云浙江杭州府有仇山在餘杭縣北十五里下有仇溪不知即仇州故址否也伊慮郝懿行謂即海內南經之伯慮國漏深疑即目深九夷則東夷傳所載是已十蠻益夏末殷初之際其類有十與周八蠻不同且此是東十蠻錯處九夷者與爾雅六蠻專指南方者又別越漚

即東越漚人郭注山海經所謂今臨海永寧縣即東
甌在岐海中是也淮南原道訓九疑之南陸事寡而
水事衆於是民人被髮文身
請令以魚皮之鞞烏鰂之䲭鮫瞂利劍為獻鞞布頂反
孔注鞞刀削鰂魚名瞂盾也以鮫皮作之鮫文魚也
補注王應麟曰左傳注鞞佩刀削上飾詩鞞琫有珌
正義今刀削說文烏鰂魚名銜子楚人鮫革為甲方
言盾或謂之瞂後漢志佩刀乘輿半鮫魚鱗山海經
注鮫皮可飾刀劍口本草注沙魚一名鮫衡鯊魚皮

鮫魚皮鞞刀室也烏鰂魚一名烏賊一名墨魚譽蓋

以烏鰂骨爲之利劍干將莫邪之類

正南甌鄧桂國損子產里百濮九菌（御覽七百九十一引歐鄧作歐陛下注云五來反又損子作指子產里作六菌）孔注六者南蠻之別名

補注王應麟曰百濮見左傳鄧曼姓甌卽甌駱山海經桂林八樹在番隅東泰南取百粵之地爲桂林郡漢曰鬱林條未詳後漢注里蠻之別號今呼爲俚人

衡案爾雅六蠻本殷制或卽此與上文東十蠻異左

傳巴濮楚鄧吾南土此歐鄧疑卽鄧國之先姓纂四十八嶝鄧氏殷時侯國卽此漢書地理志南陽郡鄧都尉治注應劭曰鄧侯國案一統志湖北襄陽府有鄧縣故城在襄陽縣北春秋時鄧國路史國名紀桂國見伊尹四方令經云八桂在賁禺東萾桂陽也衡案桂林八樹見海內南經郭注賁禺今番禺縣萾以縣以有番山禺山得名山今在廣東廣州府損子無考案墨子節葬云越東有輆沐之國其長子生則解而食之謂之宜弟此損子國當似之輆太平廣記引

作輆博物志作駭後漢書南蠻傳謂之噉人國其實一也國名紀曰產里一云語兒也或作陸童誤衡案後漢書建武十三年九眞徼外蠻里張游率種人慕化內屬封為歸漢俚君王氏所引里蠻之別號二語即此處注據南州異物志謂俚在廣州之南蒼梧鬱林合浦寧浦高涼五郡中央地方數千里則俚在廣東廣西境內檢一統志廣東瓊州府有黎峒黎為蠻之別號後漢謂之俚人俗訛俚為黎此即王所據以為里人者也然又係一種據一統志雲南普洱府禹

貢梁州荒裔本古産里地又古蹟舊車里軍民宣慰司在府城南七百四十五里古産里地叚長恭歷代沿革表曰普洱府古産里也一名車里呂覽曰産里以象齒短狗獻周公作指南車導之歸故曰車里案以象齒短狗爲獻是逸周書非呂覽也百濮見文十六年高士奇春秋地名考略曰左傳楚大饑戎伐其西南庸人率羣蠻以叛楚麇人率百濮聚于選杜注百濮夷也昭元年魯爲邾所愬趙孟爲魯請于楚曰吳濮有釁杜注吳在東濮在南今建寧郡南有濮夷

九年詹桓伯曰巴濮楚鄧吾南土也十九年楚子爲舟師以伐濮杜注濮南夷杜氏三注不同葢以種族不一故稱百濮約言其地當在楚之南境而迤西矣晉建南郡在今雲南界極言所至當在此也左思三都賦曰左綿巴中百濮所充劉注云今巴中七姓有濮是葢百濮之一種轉徙於此非春秋所云矣衡案文十六年釋例曰建寧郡南有濮夷濮夷無君長總統各以邑落自聚故稱百濮也國名紀曰九菌四方令在正南今九江之菌江衡案海內南經有菌山有

桂山疑桂國與九菌皆在其左近今廣東桂山所在多有或曰九菌即九眞菌眞一聲之轉

請令以珠璣瑇舊作瑇瑁象齒文犀翠羽菌鶴短狗爲獻

孔注璣似珠而小菌鶴可用爲旌翳短狗狗之善者也

補注史記江南出丹沙犀象瑇瑁珠璣後漢書賈琮傳交趾土多珍產明璣翠羽象犀瑇瑁異香美木之屬梁祚魏國統曰西南有夷名尾濮其地出瑇瑁犀象珠璣金銀葛越佳木山海經海內經有青獸如菟

名曰菌狗郭注音如朝菌之菌郝懿行曰菌狗者周
書王會篇載伊尹四方令云正南以菌鶴短狗爲獻
疑卽此也衡案菌鶴短狗是二物郝以爲一物誤矣
蓋菌鶴是九菌所產之鶴故曰菌鶴短狗或亦九菌
所出故菌狗在海內經而菌山亦列其次也蓋菌人
短小其所產之物亦可類推故在山海經本其所出
則曰菌狗而在獻令象其形狀則謂之短狗猶山海
經曰青獸如菟可以證矣案一統志雲南順寧府土
產有矮犬毛深足短卽竹書所謂短狗盧文弨曰短

狗王本作矩狗蓋因注云狗之善者故以爲當作矩耳考唐幽州昭仁寺碑有云豈止菌鶴短狗西鰈東鰈之貢而已哉正用此文則作短狗爲是衡案駢雅云菌狗兎屬蓋據山海經如兎之說薛傳均曰短狗卽猈說文猈短頸狗

正西昆侖狗國鬼親枳已闒耳貫胸雕題離邱漆齒盧文弨曰後漢書注引狗國作狗骨又引離邱作雕邱衡案後漢西南夷注引作離邱又文選王融曲水詩序注引周書雕身染齒之國以龍角神龜爲獻

孔注九者西戎之別名也闒耳貫胸雕題漆齒亦因

其事以名之也

補注王應麟曰禹貢織皮昆侖王肅曰昆侖在臨羌西狗國犬戎也唐天文志聲教所不暨皆係于狗國鬼親鬼方也通典流鬼在北海之地鬼國在駮馬國西枳已未詳左傳衛侯入于戎州已氏在楚邱縣爾雅疏蠻類有狗軹闟耳山海經有聶耳雕耳國呂春秋北懷闟耳貫胸山海經其爲人胸有竅尸子曰貫匈者黄帝之德嘗致之爾雅疏蠻類有穿胸雕題王制曰南方曰蠻雕題雕刻鏤也題額也刻其肌以丹

靑湼之山海經有彫題國通典百越古謂之雕題離
身山海經有三身國一首三身漆齒山海經有黑齒
國齒如漆後漢東夷傳自朱儒東南至黑齒國唐黑
齒常之百濟西部人衛案昆侖國名見禹貢孔傳謂
在荒服之外流沙之內管子輕重甲曰崑崙之虛不
朝又曰璿珥而辟千金者璆琳琅玕也然後八千里
崑崙之虛可得而朝也朱長春曰崙崑去中國甚遠
而此曰八千里意西番別有各國如小西天之類嵩
斯同羣書疑辨曰孔氏謂在流沙之內則其地當在

今沙州去肅州嘉峪關不甚遠衛案南夷志崑崙國北去西洱河八十日程御覽列之南蠻部見七百八十九據一統志崑崙山在今甘肅肅州西南狗國見淮南墬形訓賈子脩務郭注山海經犬戎國引盤瓠生男爲狗生女爲美人之說不可據玄中記云高辛氏犬戎爲亂帝之狗名盤瓠殺犬戎以其首來帝以女妻之於會稽東海生男爲狗生女爲美人此說不經之至夫既曰犬戎爲亂則是立國自高辛以前矣安得引以證犬封國所托始乎路史發揮論槃瓠之

妄曰予稽夏后氏之書伯益經云卞明生白犬是爲蠻人之祖卞明黄帝氏之曾孫也白犬者乃其子之名蓋若後世之烏彪犬子豹奴虎犍云爾非狗犬也而應劭書遂以爲高辛氏之犬名曰槃瓠妻帝之女乃生六男六女自相夫婦是爲南蠻至郭璞張華于寶范蔚宗李延壽梁載言樂史等各自著書枝葉人以喜聽而事遂實矣此論甚暢陳士元江漢叢談所闢南蠻傳尤快其略曰杜君卿據漢書辨之謂黄金古以斤計至始皇以二十兩爲一鎰今曰黄金萬鎰

非古制也吳姓至周始有而將軍乃周末之官今曰
吳將軍非古制也杜君卿之辨是矣而未得其實余
謂高辛之代本無犬戎之患高辛都亳卽今河南偃
師而犬戎在西陲蠻土在南陲去亳各數千里荒服
之外以一犬之力既能西走數千里銜吳將軍之首
歸致闕下而又能負帝女南走數千里飛渡洞庭棲
宿於武陵之石窟不饑乏哉此其理悖矣然則卽以
槃瓠爲南蠻之祖尚且不可況欲托以爲犬戎之先
乎鬼親疑卽王季所伐之西落鬼戎枳已楚地戰國

策蘇代約燕王曰楚得枳而國亡案一統志枳在今四川重慶府涪州漢置枳縣屬巴郡然則枳已或枳巴之誤又湖北襄陽府有邔縣故城在宜城縣東北本楚邑水經注沔水南過邔縣東縣故楚邑也據此則枳已疑卽枳卽在殷初爲西南夷小國至戰國時入於楚亦通儋耳卽海外北經之聶耳大荒北經之儋耳淮南墬形有耽耳博物志有檐耳皆謂是也海外南經又有離耳國郝懿行謂是南儋耳又引四方令離耳以證之案四方令有闟耳有離邱無所爲離

耳也蓋以文選注而誤郝又以海内北海經之聶耳

謂即關耳案關非與環狗皆怪異之物如蜪犬窮奇

大蠭大蟹陵魚大鯾等類不得謂是國名郝謂關非

即闟耳環狗即狗國俱誤案漢地理志犍爲郡漢陽

有闟谷匈奴傳有闟敦師古曰闟音蹋敦音頓闟頓

又見後漢𦘦異傳附錄俟考貫胸即穿胸見海内南

經在臷國東淮南墬形訓有穿胸民高誘注穿胸胸

前穿孔達背博物志穿胸人去會稽萬五千里雕題

國亦見海内南經今據四方令列於正西豈雕題貫

胸二國國於西南隅故其方可兩屬鄭離邸文選注引作離身王氏引三首國一首三身以解非是案後漢書東離國治莎奇城在天竺東南三千餘里御覽列於西戎又呂氏春秋恃君覽離水之西注西方之戎未知卽離邸故址否也漆齒西黑齒也曲水詩序注引作染齒可爲西屠染齒之證

請令以丹青白旄紕罽江歷龍角神龜爲獻後漢書西南夷傳注引無江歷二字

孔注江歷珠名龍解角故得也

補注王應麟曰荀子南海有曾青丹干西海有文旄何承天纂文曰紕氏罽也卑疑反衡案丹青卽山海經丹粟丹臒青雄黃之類尚書大傳丹邱出丹臒青邱出青臒白旄白牛尾也紕飾也詩傳紕所以織組也漢書高祖紀注罽織毛若今毲及氍毹之類說文⿰糸罽西戎毳布也衆經音義卷一引通俗文云織毛曰罽盧文弨曰後漢西南夷傳冄駹夷其人能作毞毲毞卽紕也衡案江歷卽江離說見顧氏音學五書唐韻卷十九引楊慎語龍角龍脫之角也神寇見爾雅

長尺二寸

正北空同大夏莎車姑他旦略豹胡代翟匈奴樓煩月氏孅犂其龍東胡

孔注十三者北狄之别名也代翟在西北界戎狄之閒國也

補注王應麟曰空同爾雅北戴斗極爲空桐黄帝西至于空桐山史記趙襄子娶空同氏大夏在西域月氏擊而臣之淮南子空同大夏楊子大夏之西莎車國治莎車城姑他未詳趙世家北滅黑姑旦略未詳

豹胡北胡也代北狄之别秦漢代縣今蔚州翟與狄
同晉語翟柤又赤翟隗姓匈奴見山海經殷曰獯鬻
周曰獫狁樓煩在晉北趙武靈王北破樓煩月氏居
敦煌祁連閒與匈奴同俗孅犂其龍未詳漢匈奴傳
有兒龍新犂國東胡在燕北見山海經燕秦開襲破
東胡秦時東胡彊月氏盛漢鮮卑東胡之支也烏桓
本東胡唐契丹奚本東胡種爾雅疏狄類有五月支
穢貊匈奴單于白屋衡桀空同見淮南氾論訓一作
空桐見爾雅又作崆峒蓋依山立名亦猶正西之昆

命也史記趙世家襄子娶空同氏正義曰括地志云
崆桐山在肅州福祿縣東南六十里古西戎地又原
州平高縣西百里亦有崆峒山卽黃帝問廣成子道
處俱是西戎地未知孰是衛桼崆峒山在今甘肅平
涼府平涼縣西一名笄頭山一名薄落山此空同國
當在其左近又史記殷本紀殷後有空桐氏左哀二
十六年杜注梁國虞縣東南有地名空桐亦見路史
國名紀此商湯後國非四方令所謂空同也大夏見
前莎車城去長安九千九百五十里見漢西域傳魏

書渠莎國居故莎車城史記大宛傳樓蘭姑師邑姑師姑他疑一地也或曰姑他虖沱一聲之轉耳旦略未詳或曰略蓋貉字之誤豹胡豹當作貊山海經海內西經貊國在漢水東北地近于燕詩大雅韓奕其追其貊傳貊國名代翟戰國時趙地趙襄子滅代以封伯魯子周爲代成君漢地理志代郡應劭曰古代國漢代郡屬幽州匈奴樓煩俱見上案一統志匈奴今爲喀爾喀四部七十四旗地月氏在流沙外見海內東經漢書西域傳大月氏國治監氏城去長安萬

一千六百里北史大月氏北與蠕蠕接案一統志甘肅甘州府涼州府俱禹貢雍州域戰國及秦爲月氏地又古大月氏國在土魯番界又新疆愛烏罕爲漢大月氏國在拔達克山布哈爾之西南孅犂或謂即薪犂國漢西域傳有薪犂又有渠犂未知誰是也龍城見匈奴傳漢書作龍城崔浩云西方胡皆事龍故名大會處爲龍城此其龍當在其左近東胡見上廣韻引前燕錄云昔高辛氏游於海濱留少子厭越以居北夷邑於紫蒙之野號曰東胡

請令以橐駞白玉野馬駒駼駃騠良弓爲獻文選李斯上秦始皇書注引周書正北以駃騠爲獻

補注王應麟曰漢西域傳大月氏出一封橐駝唐吐蕃獨峯駝日馳千里爾雅野馬如馬而小出塞外鮮卑有野馬駃騠駿馬也生七日而超其母後漢東夷傳句驪別種名小水貊出好弓所謂貊弓衛綮橐駞漢匈奴傳作橐他師古曰橐他言能負橐囊而馱物也西域傳鄯善國多馲駝廣志天竺北多馲駞白玉出于闐國子虛賦軼野馬而轊騊駼騊駼是野馬之

艮而野馬則槖皋之辭耳高誘淮南主術訓注騊駼野馬也楊升菴謂盜驪一名溫驪又作駒栗後代轉名爲騊駼衡柴騊駼之名既見山海經又見王會四方令而盜驪始見穆天子傳楊說倒置不足據說文駃騠馬父驘子也御覽引尸子云駃之言起騠之言騠疾走之名也

湯曰善

逸周書卷十七終

逸周書卷十八

晉孔晁注　　江都陳逢衡補注

祭公解第六十

禮記緇衣篇引葉公之顧命曰毋以小謀敗大作毋以嬖御人疾莊后毋以嬖御士疾莊士大夫卿士注葉公楚縣公葉公子高也臨死遺書曰顧命九經古義曰楙案其詞有莊后大夫卿士非葉公之言也此周書祭公謀父之詞祭公將殁而作此篇故謂之顧命其事亦見汲郡古文王伯厚已有是說余特表而

出之

王若曰祖祭公

孔注祭公周公之後昭穆於穆王在祖列

補注竹書紀年穆王十一年王命卿士祭公

次予小子虔虔在位

孔注虔敬

昊天疾威予多時溥愆

孔注溥大也言昊天疾威於我故多是過失

補注昊天疾威當思有以昭事予多時溥愆則非大

臣輔導不可

我聞祖不豫有加予維敬省不弔天降疾病予畏天威公其告予懿德

孔注弔至也言已道不至故天下病王畏守不美懿美也盛文弼曰守不美疑訛

補注言予敬省天心不至故天降疾病於我股肱師保之臣予畏天威恐有不測諱言祭公將死也公其告予懿德盖求遺言訓已之意

祭公拜手稽首曰天子

孔注拜手頭至手稽首頭俯地

謀父疾維不瘳朕身尚在茲朕魂在于天

孔注謀父祭公名我魂在于天言必死也

補注朕身尚在謂當此彌留之際尚奄奄在世茲朕魂在于天則精氣已散不能久矣盧文弨曰梁云朕魂在于天昭王之所九字當連作一句讀注似非是衡案梁解昭王作周昭王而以茲字屬上句不可從

昭王之所勖宅天命

孔注言雖魂在天猶明王之所勉居天下之事也

補注勖即冒懋也昭王之所勖猶君奭言乃惟時昭文王迪見冒昭武王惟冒耳昭讀爲釋詁詔亮左右之詔王指穆王宅天命見康誥宅居也言我身雖死此心猶不忘王室也

王曰嗚呼公朕皇祖文王烈祖武王度下國作陳周維皇

皇上帝度其心寘之明德度並入聲

孔注下國謂諸侯也天度其心所能寘明德於其身也

補注下國猶言小國即小邦周之謂對上帝言故曰

下國度謀度也作陳周者猶云陳錫哉周也陳布也

即肇造區夏之謂皇皇美大也上帝天也寘示也帝

度其心故有明德之示以佑啟我後人也

付俾於四方用膺受天命敷文在下膺昔作應

孔注付與四方受命於天而敷其文德在下土也

補注付如皇天既付中國民之付付俾於四方謂天

全付予有家也用膺受天命指文武敷布也文謨烈

也此皇祖烈祖上承帝命而式敷下土也如此

我亦維有若文祖周公暨烈祖召公茲申予小子追學於

文武之蔑

孔注言已追學文武之微德此由周召分治之化也盧文弨曰微德釋蔑字義舊作徵德訛

補注文武之化得周召而益彰故予小子得以追學於前人也申如申命用休之申蔑如文王蔑德之蔑蔑小也蓋文武至穆王已五世矣施彥士曰此承上言我亦惟望有若周公召公其人者引伸予小子仰文武之末光而不廢家學也

用克龕紹成康之業以將天命用夷居之大商之衆

孔注將行夷平也言大商本其初也

補注龕受也紹述也成康之業在於覲光揚烈將請也用夷居之大商之衆之猶是也言克撫有殷遺也爾雅釋言洵龕也郛晉涵曰釋詁云洵信也洵又爲龕逸周書祭公解云周克龕紹成康之業言能信繼也

我亦維有若祖祭公之執和周國保乂王家

孔注執謂執其政也

補注施彥士曰此言我所以紹先業乂王家者平日

維賴祭公之執和也此稱其已往之功

王曰公稱丕顯之德以予小子揚文武大勳宏成康昭考
之烈

孔注稱謂舉行也昭考昭王穆王之父也

補注丕大也顯明也五世之德在子一人則所以仔
承者甚鉅此冀祭公訓己以配先德也故下有汝無
以一段之告公稱丕顯德以予小子揚文武烈見洛
誥

王曰公無困我哉俾百僚乃心率輔弼予一人

孔注言公當使百官相率和輔弼我不然則困我

補注此三言王曰下三言公曰疑間舉之辭而序書者亂其次也公無困我見洛誥此冀祭公訓百僚以佐已也故下有三公汝念哉至周有常刑之告

祭公拜手稽首曰允乃詔畢桓于黎民般

孔注般樂也言信如王告盡治民樂政也乃汝汝王也

公曰天子謀父疾維不瘳敢告天子皇天改大殷之命維文王受之維武王大尅之咸茂厥功

孔注茂美也文王以受命爲美武王以尅殷爲美哉

曰威也

維天貞文王之董用威亦尚寬壯厥心康受乂之式用休

孔注貞正也董之用威伐崇黎也既尅之而安受治

之其治用美也

補注董督也文王伐密伐崇皆用威之事亦尚寬壯

厥心威而不猛也

亦先王茂綏之心敬恭承之維武王申大命戡厥敵

孔注言武王申文王受命之意而勝殷也

補注戡克也墨子非攻云予必使汝大堪之堪卽戡

公曰天子自三公上下辟于文武文武之子孫大開方封

于下土

孔注辟法也言我上法文武乃大開國旁布于下土

補注辟如微辟之辟自三公上下辟于文武指四友

十亂謂有此疏附先後之盛故周之子孫得以大開

厥國列土分封也

天之所錫武王時疆土丕維周之基丕維后稷之受命是

永宅之

孔注錫與言天子武王是疆所受是大維周之開基

大維后稷所受命是長居此也

補注言武王奄有天下本于后稷之受命故能弼我

丕丕基而子孫勿替也

維我後嗣旁建宗子丕維周之始并

孔注旁建宗子立爲諸侯言皆始并天子之故也故疑

作政

補注後嗣指武王以後宗子同姓旁建分封也詩曰

大邦維屏宗子維城始并之謂也盧文弨曰惠云并

卽屏古字通郭注山海經曰并卽屏語有輕重耳

嗚呼天子三公監于夏商之既敗丕則無遺後難至于萬億年守序終之

孔注言當以夏商爲戒大無後難之道守其序而終也道疑作遺

補注此戒君而兼及臣故既呼天子而又呼三公以警之監于夏商之既敗所謂維彼二國其政不獲也故不可不監丕則無遺後難監前轍則後嗣昌也故至萬億年猶得終守其序序如繼序思不忘之序

既畢丕乃有利宗丕維文王由之

孔注既終之則有利于宗皆由文武之德也武疑作王

補注畢者終事之辭言能於我周之積功累仁克承其業而無不盡也丕乃有利宗者言於是有利宗也利宗謂有益周室由用也言我周承先啟後總萃於文王一人尤當敬守其法也

公曰嗚呼天子我不則寅哉寅哉

孔注寅敬也不則則也

補注不亦丕字如不顯不承之不不注非是

汝無以戾反罪疾喪時二王大功喪去聲

孔注戾反罪疾謂己所行時是二王文武

汝無以嬖御固莊后緇衣固作疾

孔注嬖御寵妾也莊正也楊本有固疾也句而無莊正也三字

補注固有禁錮之義如漢武陳后長門永巷之謂緇衣御下有人字注云嬖御人愛妾也莊后適夫人齊莊得禮者

汝無以小謀敗大作

孔注小謀謂不法先王也大作大事也

補注以小敗大則事不成緇衣注謂小謀小臣之謀大作大人之所爲也

汝無以嬖御士疾大夫卿士

孔注言無親小人疾君子

補注語曰國君好艾大夫殆此之謂也緇衣大夫上多莊士二字注云嬖御士愛臣也莊士亦謂士之齊莊得禮者今爲大夫卿士

汝無以家相亂王室而莫恤其外相去聲

孔注言陪臣執國命恤憂也外謂王室之外也

補注家相謂同姓外謂異姓此恐同姓恃親蔽賢故
以爲戒孔注誤

尚皆以時中乂萬國

孔注言當盡用是中道治天下也
補注此與召誥其自時中乂同言宅中治外也

嗚呼三公汝念哉汝無泯泯芬芬厚顏忍醜時維大不弔
哉

孔注戒三公使念我與王也泯泯芬亂也忍行亂則厚
顏忍醜也如是則大不善之也

補注此因王有百僚輔弼之問而因以戒三公也不弔如周書不弔昊天之義泯泯芬芬亂也厚顏忍醜泄泄沓沓之貌盧文弨曰芬芬與呂刑棼棼同

昔在先王我亦維丕以我辟險于難不失于正我亦以免沒于世難去聲盧文弨曰維丕當是丕維險于難疑是于險難衡案常作昔在先王以我不失于正我亦丕維辟于險難方台辟音避

孔注先王穆王父祭公所事也辟君也言我事先王遇大難險而不失故能以善沒世言善終險盧本作正

補注案紀年昭王十九年祭公辛伯從王伐楚天大

噎雖免皆震喪六師于漢王陟是時昭王與祭公俱隕于漢此云險難即指此事我亦以免沒于世蓋謂今而後可以得保首領以沒矣

嗚呼三公予維不起朕疾汝其皇敬哉茲皆保之

孔注皇大也言當式敬我言如此則天下皆安之

補注施彥士曰茲皆保之言當共保天命也

曰康子之攸保勖教誨之世祀無絕不則周有常刑

孔注康安也子之所宜安以善道勉教之則子孫有福不然則犯常刑也

士拜首稽首黨言

孔注王拜受祭公之黨言也王拜則三公拜可知也

補注盧文弨曰黨讜古字通荀子非相篇博而黨正

注謂直言也又見張平子及劉寬二碑衡寀廣雅黨

善也孟子公孫丑篇禹聞善言則拜趙岐注引臯陶

謨禹拜讜言史記夏紀作美言然則黨言葢謂善言

美言也

史記解第六十一

當與韓非亡徵參看路史國名紀載古之亡國多采

此篇

維正月王在成周昧爽召三公左史戎夫

孔注王是穆王也戎夫左史名也

補注成周當作宗周謂鎬京也三公太師太保太傅也左史漢人表作右史又列于成王時次在祝雍前並誤盧文弨曰案竹書紀年穆王二十四年命左史戎夫作記

曰今夕朕寤遂事驚予

孔注遂成也行成事言驚夢宿欲知之也

補注寤覺也說文寐覺而有言曰寤遂事往事也驚駭也

乃取遂事之要戒俾戎夫言之朔望以聞言盧本從御覽作主

孔注集取要戒之言月朔日望於王前讀之日望盧本作望日今從楊本

補注要戒取其不煩言謂解說其事盧文弨曰朔望之稱蓋始于此禮記云朔月月半亦指朔望也鄭環曰此記歷序炎黃以至周初二十八國滅亡之由俾戎夫朔望以聞蓋至此而王之悔悟切矣

信不行義不立則哲士夌君政禁而生亂皮氏以亡

、孔注言君不行信義信義由智立故哲士夌君之政也禁義信則亂生皮氏古諸侯也

補注胡應麟曰孔氏注云禁信義則亂生非也言信義不立則奸雄之士得乘間以操國柄君不忿而欲禁之奸雄必起而爲亂國之所由亡也哲士猶言智士卽狙詐之謂衡桊禁而生亂乃禁其夌君政非禁信義也皮氏古國名括地志絳州龍門縣西一里八十步卽古皮氏城今山西絳州西百里河津縣縣西

二里有皮氏故城竹書紀年帝不降三十五年殷滅皮氏卽其事

諂諛日近方正日遠則邪人專國政禁而生亂華氏以亡

孔注好順人意爲諂諛華氏亦古諸侯也

補注路史國名紀注華氏六韜作辛氏又博物志衛案古華辛二字多混山海經有流黄辛氏之國施彥士曰華與莘形尤相近莘有三衛有莘之墟在今曹州府曹縣十八里又開封府陳留縣東北有莘城同州府洽陽縣東南有莘國城太姒母家也未知孰是

戴清曰案左莊十年荆敗蔡師于莘今在河南汝陽縣境三十二年神降于莘在河南陝州東南桓十六年衛公子伋使于齊使盜待諸莘成二年晉師從齊陳師于莘今東昌府莘縣莘音同姺亦見左昭傳

好貨財珍怪則邪人進邪人進則賢良日蔽而遠賞罰無位隨財而行夏后氏以亡

孔注賢良不行貨故蔽遠桀由好財亡也

補注貨財珍怪如瓊臺瑤室傾宮所聚是已邪人謂于莘侯哆左師曹觸龍尹諧歧種戎曲逆趙梁賢良

謂汝爲汝方太史令終古費伯昌無位猶無主也
嚴兵而不口者其臣懾其臣懾則不敢忠不敢忠則民不
親其吏刑始於親遠者寒心殷商以亡
孔注不敢忠乃不仁下效其上故不親紂以暴虐亡
也
補注紂九年伐有蘇十年敗于西郊二十二年大蒐
于渭此紂嚴兵之證又因箕子剖比干而八百國皆
畔此刑始於親遠者寒心之證不敢忠者忠言未卒
于口而身糜沒矣

樂專於君者權專於臣權專於臣則刑專於民君娛於樂臣爭於權民盡於刑有虞氏以亡樂音洛

孔注君荒於樂則權臣專斷用刑濫矣專則致爭而刑殺之盡被刑也有虞商均之後

補注君娛於樂則國政怠臣爭於權則威福移民盡於刑則人不自保故亡路史國名紀虞公爵虞思國宋之虞城漢虞縣伯禹所封即有虞君專於樂臣爭於權民盡於利而亡案利當作刑後世胡亥趙高類此

奉孤以專命者謀主必畏其威而疑其前事挾德而責數

日疏位均而爭平林以亡

孔注謀主謂孤長大也前事謂專命挾其見奉之德

而責其前專命事此與周公反矣位均勢敵

補注奉孤以專命輔幼主也謀主謂所奉之孤長大

有謀略也畏其威嫌逼已也疑其前事疑其專命也

挾德挾其前日擁戴之德即指奉孤言責謂責主以

恩過也如是則君臣之體數日疏而猜忌起位均無

等也無等則爭故亡國名紀但云平林挾德責數賢

能口疏位均而爭遂亡似包括此條不盡又以詩會伐平林釋此亦誤案一統志湖北德安府隨州東北有平林故城後漢書劉聖公傳地皇三年平林人陳收廖湛等聚衆千餘人號平林兵隋書地理志漢東郡平林梁置上明郡元和志平林故城在隨縣東北八十里寰宇記隨縣東北有平林鄉當是古平林國也

大臣有鋼職諫誅者危昔者賀沙三卿朝而無禮君怒而久拘之譁而弗加三卿謀變賀沙以亡三卿舊作諫卿盧文弨曰卜本作三

卿

孔注錮職謂事專權也有三卿諸侯可知也

補注質沙炎帝時諸侯質一作夙又作宿路史後紀炎帝魁之立祇修自勤質沙民始叛其大臣錮職而譁誅臨之以罪而弗服其臣箕文諫之不聽殺之三卿朝而無禮怒而拘焉謹而弗加譁卿貳質沙之民自攻其主以歸卽謂此也錮謂禁固譁與讙義同當訓作忘言有專柄之大臣君以一時之怒囚係累月忘而弗加誅戮故謀變也

外內相間下撓其民民無所附三苗以亡（間去聲）

補注三苗一曰三毛見山海經淮南修務訓注以渾敦窮奇饕餮當之非也國名紀三饒美名間於內惡言間於外內外不相間而亡三饒即三苗案所說與周書不同戴清曰案通典三苗在潭州岳州衡州皆古三苗地潭州今長沙府衡州岳州今仍之

弱小在強大之間存亡將由之則無天命矣不知命者死

有夏之方興也扈氏弱而不恭身死國亡

孔注無天命命在強大者也知命則存不知命則足

以亡矣有夏敗也戰於甘滅扈也

補注此言有扈之亡由於不知命不恭即所謂不知命也按尙書大戰于甘則有扈亦彊大之國此云弱而不恭弱字不可過泥葢謂比諸有夏之全盛則有扈爲弱矣楚語觀射父謂其恃親而不恭可爲不恭切據淮南齊俗訓乃謂有扈爲義而亡葢不知有扈包藏禍心假托堯舜與賢之說而陰以妄干神器也甘誓謂有扈氏威侮五行怠棄三正是其罪案此云弱而不恭是其亡國之由鄧立誠曰漢書地理志右

扶風鄠縣有扈谷亭古扈國施彥士曰案有扈國在今西安府西南七十里鄠縣衡案陝西西安府有鄠縣故城在今鄠縣治北帝王世紀扈至秦改爲鄠通典鄠亦謂之扈姚察訓纂云戸扈鄠三字一也

孽子兩適者亡昔者義渠氏有兩子與母皆適君疾大臣分黨而爭義渠以亡

孔注王不別長庶寵秩同也各有所事而爭立也

補注與母皆適是其禍根竹書紀年殷武乙三十年周師伐義渠乃獲其君以歸疑卽此時漢地理志北

地有義渠道九域志邠州古義渠城案今爲甘肅慶陽府

功大不賞者危昔平州之臣功大而不賞諂臣日貴功臣日怒而生變平州之君以走出平州之臣三句文選任昉宣德皇后令注引

孔注有功不賞而貴諂臣有德不官而任姦佞宜其出走也

補注功大不賞而諂臣日貴則有功者人人自危焉得不變國名紀平州在汾州介休西若齊之平州漢平州國在梁父

召遠不親者危昔有林氏召離戎之君而朝之至而不禮

留而弗親離戎逃而去之林氏誅之天下叛林氏

孔注林氏諸侯天下見其遇戎不以禮遂叛林氏林氏孤危也

補注山海經海內北經林氏國前有戎其爲人人首三角郝懿行曰周書史記篇云昔有林氏召離戎之君而朝之戎單呼爲戎又與林氏國相比疑是也衡案竹書紀年成王三十年離戎來賓沈約注云離戎驪山之戎也爲林氏所伐告於成王卽此離戎是矣

水經注戲水出驪山馮公谷又北逕麗戎城東麗戎男國也索隱曰驪山在新豐縣西南故驪戎男國也施彥士曰案舊鄭咸林在今同州府西南一百八十里華州境驪戎城在今西安府東少北六十里臨潼縣東恰在咸林西南則林氏即咸林是矣

昔者曲集之君伐智而專事彊力而不信其臣忠良皆伏愉州氏伐之君孤而無使曲集以亡

孔注伐智自足也伏謂不爲之用曲集愉州皆古諸侯

補注盧文弨曰博物志作榆炯氏之君孤而無使曲沃進伐之以亡與此差互當是彼誤衡案國名紀曲集自伐其智廢仁義事强力賢良伏匿君孤無使榆州伐之而亡今符陽縣有集云萬山所集六韜作西譙州氏伐之國名紀又云榆州孤而無使曲沃進伐之而亡下注云見博物志當亦周書文今不見据此則榆州伐曲集是一事曲沃伐榆州又一事羅謂當亦周書文今不見盖傳寫者失之

昔者有巢氏有亂臣而貴任之以國假之以權擅國而主

斷君已而奪之臣怒而生變有巢以亡

孔注委之政也秉政則專生殺則多恐雖君奪其政權禍見及故作亂也盧文弨曰案專生殺三字當重下當云則多怨雖各書作恐雖係字誤當改正

補注路史有巢氏紀有禮臣而貴任之專而不享欲刦之權有巢氏遂亡下注云見汲冢書正指此也案禮臣當作亂臣有巢氏蓋夏商時侯國施彥士曰疑即南巢周為巢伯國今廬州府東一百八十里巢縣是

斧小不勝柯者亡昔有鄶君嗇儉減爵損祿羣臣卑讓上下不臨後□小弱禁罰不行重氏伐之鄶君以亡斧小不勝柯者亡焉惟函詩紀古謠類引作鄶春藏懸循詩所同

孔注柯所以秉喻君斧所以用喻臣臣無爵祿君所任不臨言不相承奉也兩弱不能行令盧文弨曰君所任有脫字

補注路史帝顓頊紀來言邳姓封於儈是爲會人介於河伊會嗇減爵上下不臨重氏伐而亡之即指此也據國名紀後君少弱禁伐不行則此處空方當作君伐字誤當作罰又云重氏伐鄶者鄶六鞫作會王

符潛夫論曰會在河雒之間其君驕貪嗇儉滅爵損祿君臣卑讓上下不臨詩人憂之故作羔裘閔其痛悼也會仲不晤重氏伐之上下不能相使遂以亡何楷曰案逸周書史記解與潛夫之語相合然史記解乃周穆王所作以命左史戎夫者其非詩之鄶國明甚及考竹書載帝嚳十六年使重帥師滅有鄶則史記所述鄶亡政帝嚳時事施彥士曰鄶在今開封府西二百八十里密縣縣東北五十里鄶城是矣衡案此詩之鄶國爲鄭所滅者若帝堯時儈國不知即此

地否也

久空重位者危昔有共工自賢自以無臣久空大官下官交亂民無所附唐氏伐之共工以亡

孔注言無任己臣者故空官也無大臣故小臣亂也君凶於上臣亂於下民無所依堯遂流之

補注山海經大荒西經有禹攻共工山國郭注言攻其國殺其臣相柳於此山郝懿行曰周書史記篇云唐氏伐之共工以亡案唐氏卽帝堯也堯盖命禹攻其國而亡之遂流其君於幽州也衡案此說與孔晁

注俱以流幽州之共工當此非是案流幽州之共工
在堯典所謂共工方鳩孱工者乃堯臣名而此所謂
共工乃黑龍氏之後據淮南子有怒觸不周之説則
其世爲水患有害民生故雜見女媧顓頊帝嚳堯舜
之世迨舜承堯命命禹攻其國並殺其臣相柳而水
害遂平路史共工氏傳謂共工氏乃伏羲氏之代侯
者也是日康回爰以浮游爲卿自謂水德故爲水紀
官師制度皆以水名葢乘時譁起而失其紀是以後
世不得識其世也此論最允至云自聖其智以爲亡

可臣者故官曠而國日亂民亡所附賢亡所從則本

此解爲言乃又云女媧氏戮之共工氏以亡豈未見

唐氏伐之四字乎蓋羅氏之誤

犯難爭權疑者死昔有林氏上衡氏爭權林氏再戰弗勝

上衡氏僞義弗克俱身死國亡難去聲

孔注爭爲犯難不果爲疑林氏恃勝上衡氏怠義所

以俱亡

補注弗勝盧本改作而勝據孔氏林氏恃勝之說也

然予案國名紀上衡氏與林氏爭權林氏再戰弗克

上衡爲義弗克俱亡是羅氏所見本已作弗克矣爲僞義通管子輕重戊有衡山之君疑即上衡國鹿彥士曰衡山南嶽也在今衡州府北一百里衡山縣西

知能均而不親竝重事君者危昔有南氏有二臣貴寵力鈞勢敵競進爭權下爭朋黨君弗能禁南氏以分

孔注二臣勢鈞而不親權重養徒黨所以分國也

補注路史夏后紀禹後有南氏以二臣勢均爭權而分國名紀世本之有男氏潛夫作南周書之有南也二臣勢均爭權而分楚地紀云漢江之北爲南陽漢

卷十八

江之南爲南郡者是衡枈鄧名世姓氏辨正以有南氏爲盤庚之後盧文弨曰有南氏之國水經注以爲在南郡施彥士曰枈南郡今湖北荆州府是

昔有果氏好以新易故故者疾怨新故不和内爭朋黨陰事外權有巢氏以亡

孔注有巢亦國名也外權謂外大國

補注國名紀有果今果州衡案宋順慶府初曰果州南充郡屬梓州路太平寰宇記劍南東道有果州禹貢梁州之域春秋及戰國時爲巴子國唐武德初置

果州以郡南八里果山爲名

爵重祿輕比□不成者亡昔有畢程氏損祿增爵羣臣貌

匱比而戾民畢程氏以亡

孔注有位無祿取名自成民不堪求比而罪之

補注損祿則俸不足以自給增爵則徒擁虛位而已

羣臣貌匱則莫矣公忠比而戾民則民脂民膏盡矣

故亡國名紀畢程今咸陽又云程王季之居在今咸

陽故安陵亦在岐南與畢陌接所謂畢程衡案呂覽

俱備篇作畢程程與程同孟子作畢郢通雅云古郢

字有程音故相通竹書紀年殷武乙二十四年周師
伐程戰于畢克之疑即此時也漢志右扶風安陵縣
闞駰以為本周之程邑也今陝西西安府有安陵故
城在咸陽縣東即古程邑畢原在長安咸寧二縣西
南

好變故易常者亡昔陽氏之君自伐而好變事無故業官
無定位民運於下陽氏以亡

孔注運亂移也

補注國名紀國以陽名者多矣北陽下陽東陽南陽

難以悉數衡案伏羲六佐陽侯爲江海此陽氏葢其

後也

業形而㥄者危昔穀平之君㥄類無親破國弗尅業形用

國外內相援穀平以亡

孔注㥄假類戾也國不勝破以形爲業也

補注盧文弨曰形刑通趙云類當作纇衡案國名紀

穀平㥄類無親慢與㥄相近未知孰是戴清曰春秋

桓公七年穀伯來朝杜注穀國在南郡筑陽縣北今

襄陽府穀城縣東有穀城不知卽穀平故地否也

武不止者亡昔阪泉氏用兵無已誅戰不休并兼無親文無所立智士寒心徙居至于獨鹿諸侯畔之阪泉以亡

孔注無親謂并兼之也無文德故智士寒心也獨鹿西戎地名徙都失處故亡也

補注阪泉氏姜姓蚩尤氏也以其都于阪泉故又謂之阪泉氏獨鹿即濁鹿路史後紀蚩尤傳謂阪泉氏好兵而無禮頓戟一怒并吞亡親九隅無遺文亡所立智士寒心益本於此又國名紀阪泉姜姓其後蚩尤黷竊周書云阪泉氏用兵無已而亡今懷戎涿鹿

城東一里阪泉是戴濤曰今昌化府保安州東南有蚩尤城蓋卽阪泉氏故地据括地志阪泉亦在保安州涿鹿史記服虔注以爲山名當在今保安州南衡案北堂書鈔一百三十一引六韜云昔煩厚氏用兵無已誅戮不休至于涿鹿之野諸侯叛之煩厚氏因以亡也煩厚當是阪泉之誤

佷而無親者亡昔者縣宗之君佷而無聽執事不從宗職者疑發大事羣臣解體國無立功縣宗以亡縣宗六韜作縣原宗職國名紀作守職

孔注不納忠言皆有違心

昔者玄都賢鬼道廢人事天謀臣不用龜策是從神巫用國哲士在外玄都以亡

孔注求禱神也弃賢任巫所以亡也

補注盧文弨曰元都氏見紀年帝舜四十二年來朝獻寶玉博物志作賢鬼神道衡棻路史帝顓頊紀小昊氏衰玄都氏黎實亂天德賢鬼而廢人惟龜策之從謀臣不用喆士在外家爲巫史無有要質方不類聚物不羣分民匱於祀神褻民狎盡謂此也又國名

紀引周書云昔玄都氏謀臣不用龜策是從忠臣無祿神巫用國而亡蓋當少昊氏之衰玄都氏黎實亂天德自瀆而亡

文武不行者亡昔者西夏性仁非兵城郭不修武士無位惠而好賞屈而無以賞唐氏伐之城郭不守武士不用西夏以亡

孔注性仁而無文德非兵而無武備無功盡賞無財可用唐氏堯帝

補注路史前紀西夏非兵而廢祀於陶唐蓋謂此也

又帝堯紀西夏廢志惠而非兵聚城守棄武德好貪以求於民於是伐而亡之又國名紀西夏今鄂故大夏有夏水周書云西夏仁而去兵城郭不修武士無位堯伐亡之衡案羅氏謂好貪以求於民與周書屈而無以賞不合戴清曰今甘肅寧夏府漢爲北地都尉治晉爲赫連勃勃所據稱夏不知即西夏故地否也羅氏所云鄂州在今武昌府地有夏水即江水故漢屬江夏郡然在南非在西也衡案此蓋立國于夏水之西故云西夏

美女破國昔者績陽彊力四征重邱遺之美女績陽之君悅之熒惑不治大臣爭權遠近不相聽國分爲二

孔注重邱之君畏其并己惑之以女君昏於上權分於下所謂二也

補注路史小昊紀帝之入立也其屬有更於青陽者厥後彊力侵尋四伐重氏苦之而遺之妹惑而不治大臣爭權遠近相襲而青陽遂分下注云六韜作續陽非重氏一作重邱氏又國名紀重邱以美女遺青陽者括地象云曹州武城有重邱故城今在濟陰東

三十一孫蒯飲馬重邱遂伐曹取重邱者與德之重邱異據此則續陽當作青陽然予案一統志湖南長沙府臨湘故城在府城南今善化故界楚青陽地史記秦始皇紀荊王獻青陽以西注青陽長沙縣是也是青陽在湖南重邱在山東遠不相及羅氏之說疑誤

宮室破國昔者有洛氏宮室無常池囿廣大工功日進以後更前民不得休農失其時饑饉無食成商伐之有洛以亡

孔注工功進則民困矣以工取官賢材退矣湯號曰

成故曰成商

補注國名紀有洛卽有雒六韜作有熊誤衛案紀年

夏桀二十一年商伐有洛卽此事有洛葢洛伯用之

後

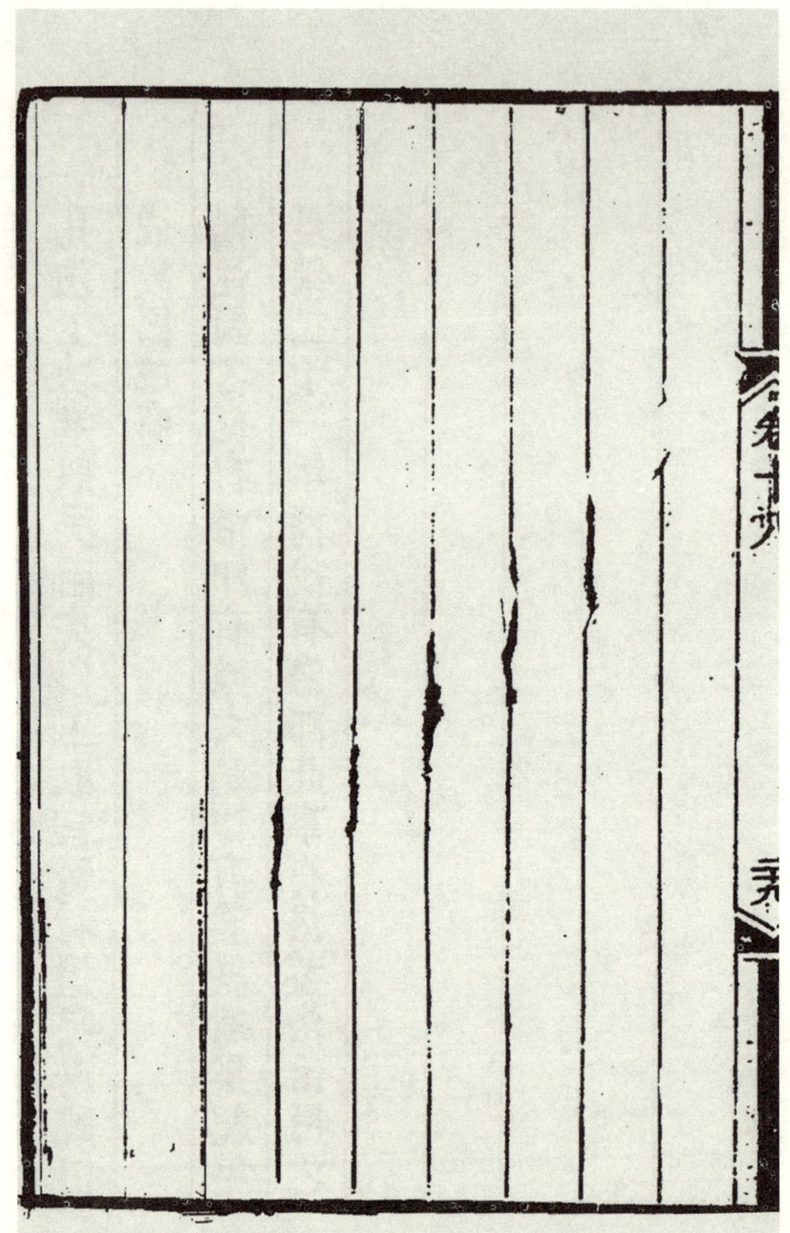